# Orientküche

Über 100 Originalrezepte für orientalischen Genuss: Mezze, Tajines, Couscous und mehr!

Text: Elisabeth Döpp, Christian Willrich, Jörn Rebbe
Fotos: Studio L'EVEQUE Tanja & Harry Bischof

# Inhaltsverzeichnis

**Titelbild**
Das auf dem Umschlag abgebildete Gericht »Couscous mit Lammspießchen« finden Sie auf Seite 53.

## 1. Berberitzen

Die kleinen, leuchtend roten Beeren des im Iran beheimateten Berberitzenstrauchs haben eine erfrischende Säure. Geschmacklich wie auch optisch verfeinern sie Eintöpfe, Omeletts und Reisgerichte. Sie bekommen sie getrocknet im Orientladen zu kaufen. Vor der Verwendung wie Rosinen waschen und quellen lassen.

## 2. Granatapfel

Die Früchte gibt es frisch von Oktober bis Dezember zu kaufen. Die ausgelösten säuerlichen Kerne geben süßen wie pikanten Gerichten eine interessante Note. Für Saft die Frucht wie eine Orange auspressen. Den in diesem Buch verwendeten sauer eingekochten Granatapfelsaft gibt es im Orientladen. Nicht zu verwechseln mit Grenadinesirup!

## 3. Rosenblüten

Getrocknete Rosenblütenblätter werden gern der Würze Ras-el-Hanout (s. S. 8) beigegeben und für Konfitüre verwendet. Mit Rosenblütenwasser, das aus stark verdünntem Rosenöl hergestellt wird, werden Desserts parfümiert. Beide sollten nur sparsam verwendet werden! Zu bekommen im Orientladen und in Apotheken.

## 4. Orangen

Orangensalat, mit Orangenblütenwasser abgeschmeckt, wird in der arabischen Küche als Dessert, in Marokko auch als Vorspeise serviert. Das Blütenwasser verleiht Puddings und Gebäck ein feines Aroma. Verwenden Sie es sparsam – meist genügen schon ein paar Tropfen. Zu kaufen im Orientladen und in Apotheken.



## 5. Limetten

Limetten werden im Iran, Irak, der Golf-Region und in Ägypten ähnlich wie Zitrone verwendet, um den Gerichten einen säuerlich-fruchtigen Geschmack zu verleihen. Mit den kleinen getrockneten Limetten aus dem Orientladen bekommen Fisch- und Fleischgerichte ein herbwürziges Aroma. Sie werden im Ganzen oder in Pulverform zugegeben und mitgekocht.

## 6. Sumach

Die säuerlichen Beeren des Sumachbaumes waren vor dem Aufkommen der Zitrone das einzige Säuerungsmittel in der Küche des arabischen Raums. In Syrien, Palästina, im Libanon und Irak wird Sumach über Salate, Fisch, Geflügel und Spießchen gestreut. Sumach ist ganz oder in gemahlener Form im Orientladen zu haben.

## 7. Tamarinde

Die arabischen Küchen lieben süß-saure Geschmacksnoten. Hierzu verwendet man in der Golf-Region, im Iran und in Ägypten gern Tamarinde für Fisch und Gemüse. Die Schoten des Tamarindenbaumes enthalten ein intensiv säuerlich schmeckendes Mark.
Am einfachsten zu handhaben ist Tamarindenpaste im Glas oder in der Tube (Orientladen).

## 8. Tahina

Die in den ostarabischen Küchen und in Ägypten verwendete Sesampaste wird in türkischen und arabischen Lebensmittelläden und im Reformhaus angeboten. Helle Creme ist für Mezze besonders geeignet. Für die beliebte Tahinasauce etwa wird sie mit Zitronensaft und Wasser verdünnt. Dunkle Creme gibt einen würzigen Brotaufstrich ab.

## 9. Harissa

Für diese scharfe Paste werden Chilis, Knoblauch, Salz, Kräuter und Gewürze im Mörser zerkleinert und mit Öl zu einer Paste verarbeitet. In der nordafrikanischen Küche heizt man damit Eintöpfen, Suppen, Couscous- und Fleischgerichten ein. Harissa gibt's in Gläsern und Tuben im Orientladen und immer häufiger auch im Supermarkt.

1
2
3
4
5
6
7
8
9

## 1. Glatte Petersilie

... schmeckt intensiver als krause Petersilie und wird als wohl beliebtestes Würzkraut der Orientküche herzhaften Gerichten großzügig hinzugegeben. Sie entfaltet ihr Aroma am besten frisch gehackt. Petersilie gibt z. B. den klassischen Salaten Fattoush (s. S. 31) und Tabouleh (s. S. 37) die typische Note und verfeinert viele Dips und Saucen.

## 2. Koriander

Aromatisches Koriandergrün ist in der Orientküche beliebt für Salate und für herzhafte Gerichte, denen es am Ende der Garzeit beigegeben wird. Kleine Mengen verwenden, damit sein intensives Aroma nicht vorschmeckt! Die würzigen Koriandersamen kommen ganz und im Mörser grob gestoßen oder gemahlen in Gemüsegerichte und Eintöpfe.

## 3. Minze

Frische Minze wird gern mit Petersilie, aber auch solo verwendet – z. B. für rustikale Salate, Bulgur- und Reisgerichte. Eintöpfe werden mit einer Würze aus getrockneter Minze, Zwiebel und kurz in Öl angeröstetem Tomatenmark abgeschmeckt. Clever: Wer keinen Orientladen um die Ecke hat, nimmt getrocknete Minze aus dem Teebeutel.

## 4. Dill

Das frische Küchenkraut wird in der arabischen Küche gern für Füllungen verwendet, für rein vegetarische ebenso wie für Hackfleischmischungen. Mit den gehackten Dillspitzen verfeinern Sie aber auch Salate und Fischgerichte. In Saucen bewahrt der Dill sein Aroma am besten, wenn Sie ihn zum Ende der Garzeit beigeben oder über das fertige Gericht streuen.

## 5. Kardamom

Die zerdrückten Kapseln verleihen arabischem Kaffee und Tee Aroma. Kardamom ist außerdem eine wichtige Zutat der Würzmischungen Ras-el-Hanout und Baharat (s. S. 8) und verfeinert Geflügelgerichte, Süßspeisen und Gebäck. Fertig gekauftes Pulver verliert rasch an Würzkraft, deshalb am besten Kapseln kaufen und die Samen im Mörser zerstoßen.

## 6. Safran

Für das teuerste Gewürz der Welt werden die Blütennarben einer Krokosart von Hand gesammelt und getrocknet. Je dunkler das Orangerot von Fäden und Pulver, umso besser die Qualität. In der arabischen Küche gibt er Tajine-, Reis-, Fisch- und Fleischgerichten Farbe und Geschmack. Safran ist auch eine wichtige Zutat der Chermoula-Würze (s. S. 8).

## 7. Piment

... auch Nelkenpfeffer und Allgewürz (englisch: *allspice*) genannt, hat etwas von Nelke, Zimt, Pfeffer und Muskatnuss. Es kommt in der arabischen Küche bei Füllungen aus Reis, Bulgur und Hackfleisch zum Einsatz. Mit der Pfeffermühle oder im Mörser (s. S. 12) frisch zerkleinerte Beeren haben ein feineres Aroma als fertig gekauftes Pulver.

## 8. Zimt

... ist in der gesamten Orientküche – wie überhaupt rund ums Mittelmeer – ein beliebtes Universalgewürz. Er gibt nicht nur Süßspeisen sein warmes, süßes Aroma, sondern auch Hackfleischgerichten und Ragouts vom Lamm, Wild oder Geflügel. Zimt harmoniert besonders gut mit Piment und ist Bestandteil nahezu aller arabischen Würzmischungen.

## 9. Kreuzkümmel

... oder Cumin wird in der Orientküche wegen seines brennenden, leicht bitteren Geschmacks geschätzt und für Salate, Saucen, Fleisch-, Fisch- und Couscousgerichte verwendet. Außerdem ist er Zutat für beliebte Würzen wie Baharat (s. S. 8). Kreuzkümmel entfaltet sein Aroma am besten, wenn er direkt vor Gebrauch im Mörser zerstoßen wird.

1
2
3
4
5
6
7
8
9

## 1. Chermoula

Die nordafrikanische frische Marinade würzt Fisch und Fleisch zum Schmoren in der Tajine oder zum Kurzbraten. Hier eine typische Mischung, in der 1 kg Mariniergut 1–2 Std. ziehen sollte: 2 Knoblauchzehen, 2 Zwiebeln, 6 EL glatte Petersilie und 4 EL Koriandergrün klein hacken und mit Salz, Pfeffer, 1 TL gemahlenem Kreuzkümmel, 2 TL edelsüßem Paprikapulver und 1 Prise Cayennepfeffer mischen. 4 EL Olivenöl und 2 EL Zitronensaft oder Essig unterrühren. Für Fisch und Geflügel zusätzlich 1 1/2 TL gemahlenen Safran zugeben.

## 2. Hawayij

Diese scharfe Würzmischung stammt aus dem Jemen, wo gern kräftig mit Chilis gewürzt wird. Sie eignet sich für Suppen und Eintöpfe – besonders gut passt sie zu Lamm- und Rindfleischgerichten. Wenn Sie es »hot« lieben, können Sie alle gulaschartigen Gerichte dieses Buches damit schärfen. Und so wird die Hawayij-Gewürzmischung gemacht: 5 TL Pfefferkörner, 3 TL Kreuzkümmelsamen, 1 TL Kardamomsamen und 1 TL Pimentkörner im Mörser zerstoßen. Für eine kräftig gelbe Farbe können Sie 1–2 TL gemahlene Kurkuma untermischen.

## 3. Kefta

... Kafta, Kofta oder Köfte bedeutet Hackfleischbällchen und zugleich Hackfleischwürze, wie sie für alle Hackfleischgerichte verwendet wird. Man kann sie im Orientladen kaufen oder einfach selber machen: 1 TL gemahlenen Kreuzkümmel, 1 1/2 TL Zimtpulver, 2 TL edelsüßes Paprikapulver und 1 Prise Cayennepfeffer vermischen. Nach Wunsch auch noch 1/2 TL gestoßene Koriandersamen dazugeben. Für den frischen Geschmackskick 1 TL gehackte Minze sowie 1 Zwiebel und 1–2 Knoblauchzehen, beides fein gewürfelt, untermischen.



## 4. Kebab

... heißen nicht nur die Fleischspießchen und gebratenes Fleisch, sondern auch die passende Gewürzmischung dafür. Sie können sie in türkischen Lebensmittelläden kaufen oder nach folgendem nordafrikanischen Rezept selber machen: Für 500 g Fleisch (z. B. Lamm) je 1 TL gemahlenen Kreuzkümmel und edelsüßes Paprikapulver, 1 Prise Cayennepfeffer und 1/4 TL gehackte Thymianblättchen vermischen. Das Lammfleisch in Würfel schneiden und mit der Würze und 2 EL Olivenöl mischen. 2–3 Std. ziehen lassen. Statt Thymian passt auch Oregano.

## 5. Baharat

Diese feurige Würze eignet sich gut für Couscous- und Bulgurgerichte, aber auch für Fleisch und Fisch, für Suppen und Saucen. Baharat bekommen Sie fertig im Orientladen – besser aber, Sie machen die Gewürzmischung selbst: Je 3/4 TL Koriander- und Kardamomsamen in den Mörser geben und fein zerstoßen. 1 TL gemahlenen Kreuzkümmel, 1 1/2 TL Zimtpulver, 1/2 TL gemahlene Gewürznelke, 1 Prise frisch geriebene Muskatnuss, 2 TL edelsüßes Paprikapulver und 1/2 TL gemahlenen schwarzer Pfeffer untermischen.

## 6. Ras-el-Hanout

»Die Mischung des Ladenbesitzers«, so die Übersetzung, ist eine scharfe nordafrikanische Würze für Tajine- und Fleischgerichte. Es gibt sie fertig im gut sortierten Supermarkt und im Orientladen. So machen Sie sie selber: Je 1/2 TL gemahlenen schwarzen Pfeffer, Koriander, Kardamom, Ingwer und Piment sowie je 1/2 TL gemahlene Nelken und Macis (Muskatblüte) vermischen. Je 1 TL gemahlenen Kreuzkümmel, Zimtpulver und gemahlene Kurkuma sowie je 1 TL Fenchelsamen und Lavendel untermischen. Zusätzlich passen 2 TL zerstoßene Rosenblätter.

1
2
3
4
5
6

## 1. Bulgur

Ein Grundnahrungsmittel der ostarabischen und nordafrikanischen Küche. Es gibt ihn grob und fein, hell und dunkel (Vollkorn) im Reformhaus und im Orientladen (s. auch S. 45). Bei der Herstellung wird Hartweizen gekocht und unter der Sonne getrocknet, dann in der Mühle geschrotet und mit einem Spezialsieb in groben und feinen Bulgur getrennt.

## 2. Couscous

Diese Spezialität der westarabischen Küche besteht aus kleinen Hartweizenkügelchen. Sie bekommen ihn im Orientladen, im Bioladen und häufig auch im Supermarkt – auch als Instantprodukt (s. auch S. 45). Auf dem Land stellen die arabische Frauen den Couscous auch heute noch von Hand her. Er wird mit Gemüse, Fisch und Fleisch kombiniert gegessen.

## 3. Weinblätter

Eine Köstlichkeit der ostarabischen Küche sind gefüllte Weinblätter, die warm oder kalt serviert werden (Rezept S. 81). Es gibt die Blätter frisch oder in Salzlake eingelegt, im Supermarkt und im Orientladen. Vor Gebrauch müssen sie gut abgespült werden. Die Füllungen können rein vegetarisch sein oder aus Reis und Hackfleisch bestehen.

## 4. Yufka- und Filo-Teig

Die hauchdünnen Teigblätter werden herzhaft oder süß gefüllt. Yufka-Teig ist etwas dicker als Filo-Teig und braucht beim Backen daher etwa 5 Min. länger. Die Teigblätter bei der Zubereitung feucht halten. Zu kaufen gibt es sie im Orientladen. Man kann auch süddeutschen Strudelteig oder Blätterteig verwenden.

## 5. Quitten

Aus ihnen werden in der orientalischen Küche Desserts, aber auch herzhafte Schmorgerichte zubereitet. Die Früchte sind in der Zeit von Oktober bis Februar auf dem Markt und können – abgesehen von einer glattschaligen birnenförmigen Sorte, die in türkischen Lebensmittelläden angeboten wird – nicht roh gegessen werden.

## 6. Eingelegte Zitronen

6 unbehandelte Zitronen heiß waschen. Jede längs viermal ca. 1 cm tief einschneiden und in jeden Einschnitt 1/4 TL Meersalz drücken. In ein Einmachglas (1 l) schichten. Den Saft von 1 Zitrone und 2 EL Meersalz darüber geben. Mit kochendem Wasser bedecken. Geschlossen 3 Wochen kühl stellen. Oder fertig im Orientladen kaufen.

## 7. Auberginen

Längliche Auberginen werden gern zum Füllen, kurze rundliche zum Grillen und Braten verwendet. Beim Einkauf feste Exemplare wählen! Auch lohnt ein Gang in türkische, arabische oder asiatische Lebensmittelläden. Hier ist das Angebot an Formen und Größen reicher. Auberginen halten im Gemüsefach des Kühlschranks ca. 2 Wochen.

## 8. Okraschoten

... sind ein im Orient beliebtes Gemüse, das bei uns in orientalischen und asiatischen Lebensmittelläden von September bis Mai angeboten wird. Die Schoten enthalten eine schleimige Substanz, die beim Kochen möglichst nicht austreten soll. Daher die Stielansätze vorsichtig bleistiftförmig zuspitzen. Guter Ersatz: Okras aus der Dose.

## 9. Kichererbsen

In den arabischen Ländern sind die getrockneten Hülsenfrüchte ein Grundnahrungsmittel. Sie werden für die beliebte Mezze-Speise Hummus und für Falafel verwendet, kommen in Eintöpfe, Suppen und Reisgerichte. Kichererbsen aus der Dose sind vorgekocht, haben daher eine kurze Garzeit. Wie Sie Kichererbsen vorgaren und einfrieren, erfahren Sie auf S. 12.

1
2
3
4
5
6
7
8
9

## 1. Tajine

auch in der Schreibweise Tagine bekannt, ist eine in der nordafrikanischen, besonders in der marokkanischen Küche beliebte feuerfeste, runde Tonschale mit trichterförmigem Deckel. Sie ist oft glasiert und gemustert. Die Tonform hat auch den köstlichen Gerichten, die darin im Dampf gegart und oft auch darin aufgetragen werden, ihren Namen gegeben. Für die Tajine gibt es passende Holzkohleöfchen, aber Sie können sie auf jedem Herd verwenden. Alles Wissenswerte zum Gebrauch erfahren Sie auf den Seiten 63 und 73. Bezugsadressen für Tajines finden Sie auf S. 128.

## 2. Mörser

Er gehört zur Grundausstattung der traditionellen orientalischen Küche. Darin zerkleinern Sie die Gewürze von grob bis fein und können damit dann gezielt und effektvoll würzen. Am besten zerstoßen Sie Gewürze wie Piment- und Pfefferkörner, Koriander-, Kardamom- und Kreuzkümmelsamen immer frisch vor dem Gebrauch. Werden sie z. B. in einem Eintopfgericht lange mitgegart, sollten Sie sie grob zerkleinern, kommen sie zum Schluss ans Gericht, besser fein zerstoßen. Gewürze, die zusammen verwendet werden, können Sie auch zusammen im Mörser zerstoßen.

## 3. Tebsil, t'bsil, Backplatte

Dieses praktische orientalische Küchenutensil ist Backblech, Kuchenform und Servierplatte zugleich. Es gibt sie in verschiedenen Größen in türkischen Läden. Gängig sind Tebsils mit 30 cm Ø und einem 5 cm hohen Rand. Entwickelt worden sind sie für den Steinofen, sie eignen sich aber natürlich für alle Backöfen. Sie können darin gefüllte Gemüse und Pastillas ebenso zubereiten wie süße, mit Sirup getränkte Baklava. Außerdem können Sie nach Beduinenart Reis- oder Fleischtöpfe dekorativ darauf stürzen und zu Tisch bringen.



## 4. Auberginen low fat braten

Auberginen schmecken würzig, da sie Geschmacksstoffe gut aufsaugen. Der Nachteil: Sie saugen auch viel Fett auf. Mit dem Trick der arabischen Hausfrauen lässt sich das vermeiden: Bestreuen Sie die Scheiben mit etwas Salz, stapeln sie und lassen sie 30 Min. Wasser ziehen. Dann kalt abbrausen, gut ausdrücken und trockentupfen. In Öl ausbacken und auf Küchenpapier abtropfen lassen. Besonders fettarm: Die Scheiben salzen, Wasser ziehen lassen etc., dann mit Öl bepinseln, würzen und grillen oder auf dem Blech im Ofen backen.

## 5. Joghurtsauce

Anders als Schaf- und Ziegen-Joghurt gerinnt Kuhmilch-Joghurt beim Kochen. Mit diesem Trick klappt's trotzdem: 1 l Joghurt (10 %) in einem Topf glatt rühren. 2 TL Speisestärke mit etwas kaltem Wasser verrühren und mit 1 TL Salz untermischen; langsam und ständig in einer Richtung rühren. Den Joghurt dabei zum Kochen bringen und bei schwacher Hitze in 5–10 Min. cremig kochen. 2 geschälte Knoblauchzehen dazupressen und mit 1 EL getrockneter Minze würzen. Abkühlen und im Kühlschrank aufbewahren. Fleisch- und Bulgurbällchen darin erhitzen.

## 6. Kichererbsen kochen

In viele orientalische Gerichte kommt eine Handvoll gekochter Kichererbsen: etwa in Linsensuppe, Lammragout oder Reis-Pilaw. Frieren Sie einen Vorrat ein: 250 g getrocknete Kichererbsen in 3/4 l Gemüsebrühe 12 Std. einweichen, dann in ca. 45 Min. weich kochen. Die Schalen nach dem Abkühlen nach Belieben durch Rollen zwischen den Fingern ablösen. Eingeweichte oder gekochte Kichererbsen portionsweise einfrieren: eingeweichte haben dann noch eine Kochzeit von 30 Min., vorgekochte werden zum Schluss kurz mitgegart.

1
2
3
4
5
6

## 1. Arabischer Mokka

Verwenden Sie für arabischen Mokka schwarz gebrannten, sehr fein gemahlenen Arabica-Kaffee. Ein Mokkakännchen aus Kupfer (Kanaka oder Cezve) reicht für 2 Tassen: 2 gehäufte TL Kaffee und nach Wunsch 1–2 TL Zucker in das Kännchen füllen und mit 2 Tässchen frischem Wasser unter Rühren aufkochen lassen. Sobald der Kaffee aufsteigt, vom Herd nehmen und rühren, damit er sich senkt. Zweimal wiederholen. Der Kaffee bildet Schaum. Gut eingegossen ist er, wenn auf jeder Tasse Schaum schwimmt.

## 2. Marokkanischer Minztee

Für 4 Gläser 1 l Wasser kurz aufkochen lassen. Die Teekanne mit etwas heißem Wasser durchschwenken, um sie anzuwärmen. 1 EL grüne Teeblätter in die Teekanne geben und mit dem nicht mehr kochenden Wasser aufgießen. 4 frische Minzezweige waschen, in die Kanne hängen. 3–4 Min. ziehen lassen und herausnehmen. Den Tee mit 4 EL Zucker süßen und umrühren. Etwas Tee in ein Glas gießen und kosten, nach Geschmack nachzuckern. Besonders köstlich: Teegläser mit Minzeblättern füllen, den grünen Tee darüber gießen.

## 3. Mandelmilch

Für dieses köstliche marokkanische Dessertgetränk helles Mandelmus aus dem Reformhaus kaufen: Für 4 Portionen 400 ml Milch mit 4 EL Mandelmus und 3 EL Puderzucker mit dem Pürierstab aufschlagen. Mit 1 TL Orangenblütenwasser (s. S. 4) parfümieren und nach Geschmack mit 1 EL Puderzucker nachsüßen. 30 Min. ruhen lassen, dann durch ein feines Sieb geben. Die Mandelmilch wird traditionell in Trinkschälchen aus Porzellan serviert und zu süßem Couscous oder süßer Pastilla gereicht.



## 4. Joghurtgetränk

Dieses ostarabische Joghurtgetränk hat eine erfrischende und kühlende Wirkung, ist wohltuend für den Magen und zugleich ein rechter Schlankmacher. Es ist ein beliebtes Sommergetränk und passt besonders gut zu scharf gewürzten Gerichten. Für 1 Longdrinkglas jeweils 2 EL Joghurt (nach Belieben auch mehr) in das Glas geben und glatt rühren. Mit kaltem Wasser aufgießen und nach Belieben mit 1 Prise Salz abschmecken. Vor dem Servieren mit klein geschnittenen Minzeblättchen garnieren.

## 5. Orangenlimonade

Für 2 Longdrinkgläser: 4 Saftorangen und 1 unbehandelte Zitrone heiß abwaschen und abtrocknen. Mit festem Druck auf der Arbeitsfläche rollen, bis die Früchte weich werden (sie geben dadurch einen feineren Saft). Mit 3 Stück Würfelzucker die Zitronenschale abreiben und den Zucker in einen Krug geben. Den Saft aus Orangen und Zitrone auspressen (ergibt ca. 200 ml). In den Krug füllen und mit dem Zucker verrühren, bis er sich aufgelöst hat. 200 ml kaltes Wasser unterrühren. Vor dem Servieren kalt stellen.

## 6. Panache

Diesen algerischen Sommerdrink in Longdrinkgläsern mit Trinkhalm reichen. Für 4 Gläser Zitronenlimonade herstellen: Dafür 4 unbehandelte Zitronen heiß abwaschen, abtrocknen und mit festem Druck rollen. Mit 4 Stück Würfelzucker die Schale abreiben und in einen Krug geben. Den Saft auspressen und mit dem Zucker und 500 ml kaltem Wasser verrühren. Nun je 1 Kugel Erdbeer- oder Vanilleeis in ein Glas geben und mit der Limonade auffüllen. Im Libanon wird die Limonade ohne Eis serviert, aber mit 1/2 TL Orangenblütenwasser parfümiert.

1
2
3
4
5
6

# Für die Mezze-Tafel

# (Vor-)Speisen wie in 1001 Nacht

***Die Mezze-Tafel mit kalten Gemüsegerichten, Dips und kleinen Häppchen ist typisch für die orientalische Gastlichkeit. Wann immer Besuch kommt, stehen die kleinen Köstlichkeiten wie von Zauberhand auf dem Tisch. Und das im Überfluss, was im Orient einhergeht mit Gastfreundschaft, Großzügigkeit und Geselligkeit. Wollen Sie spontanen Besuch auf diese Weise verwöhnen, dann helfen die Ratzfatz-Rezepte auf dieser Seite aus der Bredouille.***

### *Schnelle Dips*

Aus frischem Gemüse und Joghurt lassen sich im Handumdrehen die leckersten Dinge herstellen: Für einen **Zucchini-Dip** 500 g kleine Zucchini in Scheiben schneiden, in 1/4 l Gemüsebrühe 10 Min. garen. Abgießen und mit einer Gabel zerdrücken. 100 g zerbröckelten Schafkäse, 2 EL sauer eingekochten Granatapfelsaft (s. S. 4, ersatzweise Zitronensaft), 1/2 TL gemahlenen Kreuzkümmel und 1 Prise Chilipulver unterrühren. Mit Salz und Pfeffer abschmecken. Deko: zerbröckelter Schafkäse und Oliven.
Für einen **Tomaten-Dip** 250 g Kirschtomaten waschen und vierteln. 1 Knoblauchzehe schälen, fein hacken und in 1 EL Olivenöl bei schwacher Hitze goldgelb anbraten. Tomaten, Salz, Pfeffer, 1/2 TL Zimt und 1 EL gehackte Petersilie zugeben und 8 Min. bei schwacher Hitze offen einkochen lassen. Wer möchte, kann zusätzlich 1 gehackte Zwiebel und weitere 3–4 Knoblauchzehen mit anbraten.
Für einen **Joghurt-Dip** 1/2 Salatgurke waschen, schälen, entkernen und fein schneiden. 250 g stichfesten Joghurt (z. B. Bulgara) mit 2 TL Öl, 1 durchgepressten Knoblauchzehe und 2 TL gehackter Minze verrühren. Gurke untermischen und mit Salz und Pfeffer abschmecken. Deko: fein gehackte Minzeblättchen und Granatapfelkerne oder Gurkenscheiben.
Alle Dips kalt mit einer Rohkostplatte, z. B. mit Frühlingszwiebelstücken, Möhrenstiften, bunten Paprikastreifen und Tomatenachteln servieren.

### *Kleine Blitzgerichte*

Würzige Oliven und kleine Pfannengerichte, die warm oder kalt gut schmecken, gehen schnell und passen ebenfalls hervorragend auf die Mezze-Tafel. Für einen **Olivensalat** 200 g entsteinte gemischte Oliven und 1 unbehandelte Zitrone in kleine Stücke schneiden und mit 2 EL Olivenöl und dem Saft von 1 Zitrone mischen. Mit gehackter Petersilie, zerbröckeltem Schafkäse, Tomaten- und Gurkenscheiben garnieren.
Für **Gedünsteten Mangold** die Blätter von 500 g Mangold waschen und in Streifen schneiden (die Stiele anderweitig verwenden). 1 Zwiebel schälen, hacken und in 1 EL Öl glasig anbraten. Den Mangold untermischen und zugedeckt ca. 2 Min. dünsten, salzen und pfeffern. Nach Belieben mit Zitronensaft beträufeln und mit Frühlingszwiebelringen bestreut servieren.
Oder wie wär's mit **Kräuter-Spinat-Omelette**? Dafür 200 g Spinat waschen und grob hacken. 1 Zwiebel schälen und fein hacken. Beides kurz in 1 TL Öl braten, etwas abkühlen lassen. 4 Eier in einer Schüssel mit 3 EL gehackten Kräutern (z. B. Petersilie, Koriandergrün, Schnittlauch), dem Spinat, 1/4 TL Kurkuma, Salz und Pfeffer verquirlen. In einer Pfanne in 2 EL Öl pro Seite ca. 3 Min. goldbraun backen. Dieses arabische Omelette gibt es übrigens in unzähligen Varianten: Sie können nach Belieben z. B. ein paar gehackte Walnüsse oder eine Hand voll gekochter Kichererbsen und 1 gewürfelte Tomate unter die Eimasse mischen. Lecker!

1

2

3

## knusprig **Sesamkringel**

*(im Bild hinten)*

Für 8 Stück:
***1 Würfel frische Hefe (42 g) / 1 TL Zucker***
***500 g Weizenmehl Type 550 / 1 TL Salz***
***2–3 EL Milch / 4 EL Sesamsamen***
Außerdem:
***Mehl für die Arbeitsfläche / Öl für das Backblech***

Zubereitungszeit: ca. 30 Min.
Ruhezeit: ca. 40 Min.
Backzeit: ca. 20 Min.
Pro Stück: ca. 265 kcal

**1** Hefe und Zucker in einer Tasse mit 2 EL lauwarmem Wasser verrühren, zugedeckt 3 Min. gehen lassen. Mehl und Salz in einer Schüssel mischen. Die aufgelöste Hefe und nach und nach ca. 300 ml lauwarmes Wasser untermengen und in ca. 10 Min. zu einem geschmeidigen Teig verkneten. Mit einem Tuch bedeckt an einem warmen Ort ca. 20 Min. gehen lassen.

**2** Teig auf der bemehlten Arbeitsfläche nochmals durchkneten und in acht Stücke teilen. Die Teigstücke zu gleichmäßig runden Fladen formen **(Step 1)**. Jeweils in die Mitte ein Loch drücken und zu einem Ring formen **(Step 2)**. Die Teigringe auf ein geöltes Backblech legen und zugedeckt weitere 20 Min. gehen lassen. Den Backofen auf 220° (Umluft 200°) vorheizen.

**3** Die Teigringe mit Milch bepinseln, mit Sesam bestreuen **(Step 3)** und im heißen Ofen (Mitte) in ca. 20 Min. goldbraun backen.

### Stylingtipp

Für einen schönen **optischen Effekt** halb weißen und halb schwarzen Sesamsamen verwenden.

### Clever vorbereiten

Die Sesamkringel **am Vortag backen.** Bei 160° im vorgeheizten Backofen ca. 5 Min. aufbacken.

## ganz ohne Hefe! **Fladenbrot**

*(im Bild vorne)*

Für 5 Stück:
***300 g Weizenvollkornmehl***
***100 g Hartweizengrieß***
***1 1/2 TL Salz***
Außerdem:
***Mehl für die Arbeitsfläche***
***Öl für das Backblech***

Zubereitungszeit: ca. 1 Std.
Ruhezeit: ca. 1 Std.
Backzeit: ca. 30 Min.
Pro Stück: ca. 275 kcal

**1** Das Mehl mit dem Grieß und dem Salz vermischen. Nach und nach mit 150 ml lauwarmem Wasser zu einem glatten Teig verkneten. Aus dem Teig fünf gleich große Kugeln formen und diese zugedeckt ca. 1 Std. ruhen lassen.

**2** Den Backofen auf 250° (Umluft 230°) vorheizen. Die Teigkugeln auf der bemehlten Arbeitsfläche zu ca. 3 mm dünnen Fladen ausrollen und einzeln auf das geölte Backblech legen. Im heißen Backofen (Mitte) in jeweils ca. 3 Min. goldbraun backen, wenden und weitere 3 Min. backen. Auf dem Kuchengitter abkühlen lassen. In ein Tuch gehüllt servieren.

### Clever vorbereiten

Sie können die Fladen **am Vortag backen** und in ein Tuch gehüllt in einer Plastiktüte aufbewahren. Vor dem Servieren bei 220° im vorgeheizten Backofen ca. 2 Min. aufbacken.

### Clever genießen

Das Brot eignet sich prima für die **Mezze-Tafel.** Nach arabischer Sitte bricht jeder ein Stück ab und verwendet es zum Dippen oder formt daraus mundgerechte Häppchen. Sehr dekorativ: Schneiden Sie in das Brot nach Beduinenart vor dem Backen acht **Kuchenstücke** ein.

## aus Marokko Fladenbrot mit Kreuzkümmel

*(im Bild hinten)*

Für 2 Stück:
***300 g Weizenvollkornmehl***
***1 Päckchen Trockenhefe***
***1 TL Salz***
***1 TL Zucker***
***50 g Maismehl***
***2 EL Olivenöl***
***1 TL gemahlener Kreuzkümmel***
***1 Ei | 2 EL Sesamsamen***
Außerdem:
***Mehl für die Arbeitsfläche***
***Öl für das Backblech***

Zubereitungszeit: ca. 40 Min.
Ruhezeit: ca. 1 Std.
Backzeit: ca. 20 Min.
Pro Stück: ca. 795 kcal

**1** 60 g Weizenvollkornmehl mit der Hefe, Salz und Zucker in eine Schüssel geben. Mit einem Schneebesen 300 ml lauwarmes Wasser so unterrühren, dass dabei keine Klümpchen entstehen. Den Vorteig mit einem Tuch bedeckt an einem warmen Ort ca. 30 Min. gehen lassen.

**2** Das restliche Vollkornmehl, das Maismehl, das Öl und den Kreuzkümmel dazugeben und alles zu einem glatten Teig verkneten. Aus dem Teig zwei gleich große Kugeln formen, mit etwas Mehl bestäuben und mit einem Tuch bedeckt weitere 30 Min. gehen lassen.

**3** Den Backofen auf 180° (Umluft 160°) vorheizen. Die Teigkugeln auf der bemehlten Arbeitsfläche zu ca. 2 cm dicken Fladen ausrollen und auf ein geöltes Backblech legen. Das Ei verquirlen. Die Fladen damit bestreichen und mit Sesamsamen bestreuen. Im heißen Ofen (Mitte) in 15–20 Min. goldbraun backen.

## würziger Klassiker Fladenbrot mit Schafkäse

*(im Bild vorne)*

Für 6 Stück:
***1/4 Würfel Hefe (10 g) | 1/2 TL Zucker***
***250 g Weizenmehl (Type 405)***
***125 g Weizenvollkornmehl | 1/2 TL Salz***
***100 g Schafkäse (Feta) | 2 EL gehackter Dill***
Außerdem:
***Öl für das Backblech***

Zubereitungszeit: ca. 1 Std.
Ruhezeit: ca. 1 Std. 20 Min.
Backzeit: ca. 25 Min.
Pro Stück: ca. 250 kcal

**1** Die Hefe zerbröckeln, mit Zucker und 100 ml lauwarmem Wasser glatt rühren, beiseite stellen. Beide Mehlsorten in einer Schüssel mit dem Salz mischen. Aufgelöste Hefe untermischen. Nach und nach ca. 200 ml lauwarmes Wasser zugeben und alles in ca. 10 Min. zu einem glatten Teig kneten. Zugedeckt ca. 1 Std. gehen lassen.

**2** Den Teig nochmals durchkneten und sechs gleich große Kugeln daraus formen. Die Kugeln zugedeckt weitere 20 Min. gehen lassen. Den Backofen auf 220° (Umluft 200°) vorheizen.

**3** Die Teigkugeln zu ca. 15 cm großen Fladen formen. Den Schafkäse zerbröseln, mit dem Dill mischen und auf den Fladen verteilen. Auf ein geöltes Backblech legen und im heißen Ofen (Mitte) in ca. 25 Min. goldbraun backen.

### Besonders clever!

*Damit die Fladen **frisch bleiben,** nach dem Backen ca. 10 Min. auf einem Kuchengitter auskühlen lassen, in ein sauberes Küchentuch hüllen und in einer Plastiktüte aufbewahren.*

1

2

3

## libanesisch Teigtäschchen mit Hähnchenfüllung

*(im Bild hinten)*

Für 9 Stück:
Für die Füllung:
***100 g Hähnchenbrustfilet | 2 Schalotten***
***je 1/2 TL Koriander- und Kreuzkümmelsamen***
***1 TL Senf | 1/2 TL abgeriebene unbehandelte Zitronenschale | 2 EL gehackte Petersilie***
***1/4 TL Cayennepfeffer | Salz | Pfeffer***
***25 g Pinienkerne***
Für den Teig:
***1/4 Würfel frische Hefe (10 g) | 250 g Mehl***
***2 TL Olivenöl | 1/2 TL Zucker | 1 TL Salz***
Außerdem:
***Mehl für die Arbeitsfläche und das Backblech***

Zubereitungszeit: ca. 45 Min.
Ruhezeit: ca. 30 Min.
Backzeit: ca. 30 Min.
Pro Stück: ca. 140 kcal

**1** Für die Füllung das Hähnchenfleisch kalt abspülen, trockentupfen, klein schneiden und für ca. 30 Min. ins Tiefkühlfach geben. Inzwischen für den Teig die Hefe in 125 ml lauwarmem Wasser auflösen. Mit Mehl, Öl, Zucker und Salz zu einem glatten Teig verkneten. Mit einem Tuch bedeckt ca. 30 Min. gehen lassen.

**2** Die Schalotten schälen und würfeln. Koriander und Kreuzkümmel im Mörser zerstoßen. Mit Senf, Zitronenschale, Petersilie, Cayennepfeffer, Salz, Pfeffer und Fleisch fein pürieren. Schalotten und Pinienkerne zugeben und mitpürieren.

**3** Ofen auf 200° (Umluft 180°) vorheizen. Teig auf der bemehlten Arbeitsfläche ausrollen und in neun ca. 7 cm große Quadrate schneiden. Jeweils in die Mitte etwas Füllung setzen. Die Teigstücke zu Dreiecken falten und die Ränder festdrücken. Auf ein bemehltes Backblech setzen und im heißen Ofen (Mitte) ca. 30 Min. backen.

## marokkanisch Bruats mit Hackfleisch

*(im Bild vorne)*

Für 12 Stück:
***50 g Staudensellerie | 50 g Möhre***
***2 Schalotten | 40 g getrocknete Aprikosen***
***200 g Hackfleisch (Lamm oder Rind)***
***50 g gehackte Walnusskerne | 1/2 TL Cayennepfeffer | 1/2 TL gemahlener Kreuzkümmel***
***1 Prise gemahlener Sternanis | Salz | Pfeffer***
***1 Knoblauchzehe | 2 Yufka-Teigplatten (ca. 160 g, aus dem Orientladen)***
Außerdem:
***Backpapier für das Blech***

Zubereitungszeit: ca. 45 Min.
Backzeit: ca. 20 Min.
Pro Stück: ca. 115 kcal

**1** Für die Füllung Sellerie, Möhre und Schalotten waschen, putzen bzw. schälen und sehr klein würfeln. Aprikosen fein hacken. Alles mit Hackfleisch, Nüssen und Gewürzen mischen. Knoblauch schälen, dazupressen und untermischen.

**2** Backofen auf 180° (Umluft 160°) vorheizen. Teigplatten befeuchten und in je 6 ca. 10 cm breite Streifen schneiden. Diese an den Rändern so einklappen, dass sie ca. 5 cm breit werden.

**3** Auf das untere Ende jedes Teigstreifens 1 EL Füllung geben. Den Teig so über der Füllung zum Dreieck falten, dass er bündig mit dem rechten Rand des Teigstreifens abschließt **(Step 1)**. Dieses Dreieck nach oben auf den Teigstreifen klappen. Das neu entstandene Dreieck diagonal nach links falten, wieder nach oben klappen usw. **(Step 2)**. Das Teigende zurechtschneiden und in das Dreieck stecken **(Step 3)**.

**4** Ein Blech mit Backpapier belegen, die Bruats mit der Naht nach unten darauf legen. Im heißen Ofen (Mitte) in ca. 20 Min. goldbraun backen.

## Veggie-Klassiker **Hummus**

Für 4 Personen:
***200 g getrocknete Kichererbsen***
***600 ml Gemüsebrühe (Instant) | 2 Schalotten***
***3 Knoblauchzehen | 80 g Tahina***
***(Sesampaste; s. S. 4) | 4 EL Joghurt***
***3 EL Zitronensaft | Salz | 1 EL Olivenöl***

Zubereitungszeit: ca. 30 Min.
Einweichzeit: 12 Std. | Garzeit: ca. 1 Std.
Pro Portion: ca. 320 kcal

**1** Die Kichererbsen waschen und in der Gemüsebrühe mindestens 12 Std. (am besten über Nacht) einweichen. Dann mehrmals umrühren und die sich lösenden Schalen abschöpfen.

**2** Die Kichererbsen mit der Brühe in einen Topf geben und aufkochen lassen. Die Schalotten und den Knoblauch schälen, klein würfeln und dazugeben. Die Kichererbsen bei schwacher Hitze zugedeckt ca. 45 Min. kochen lassen.

**3** Die Kichererbsen abgießen, die Brühe dabei auffangen. Die Kichererbsen mit dem Pürierstab pürieren, Tahina und Joghurt untermischen. Mit Zitronensaft und Salz abschmecken. So viel von der aufgefangenen Brühe unterrühren, dass eine geschmeidige Creme entsteht. Hummus in eine flache Schüssel füllen, in die Mitte eine Mulde drücken und das Öl hineingießen. Mit knusprigem Fladenbrot (s. S. 19 und 21) ein Genuss!

### Stylingtipp

Für ein schmuckes **Topping** 2 EL Pinienkerne ohne Fett in einer Pfanne bei mittlerer Hitze goldbraun rösten. 1 TL Minzeblättchen in feine Streifen schneiden. Den Hummus mit den Pinienkernen und der Minze bestreuen.

cremiger Dip-Klassiker

# Babaghanoush

Für 4 Personen:
***2 große Auberginen (ca. 500 g) | Salz***
***2 TL Sesamsamen | 1 Knoblauchzehe***
***1/2 Bund Koriandergrün | 4 EL Olivenöl***
***Saft von 1 Zitrone | 1 Prise Cayennepfeffer***
***Öl für das Backblech***

Zubereitungszeit: ca. 30 Min.
Backzeit: ca. 20 Min.
Pro Portion: ca. 120 kcal

**1** Den Backofen auf 180° (Umluft 160°) vorheizen. Die Auberginen halbieren, salzen und mit den Schnittflächen nach unten auf ein geöltes Blech setzen. Im heißen Ofen (Mitte) ca. 20 Min. backen. Den Sesamsamen ohne Fett in einer Pfanne bei mittlerer Hitze goldbraun rösten.

**2** Die Auberginen herausnehmen und etwas abkühlen lassen. Fruchtfleisch aus der Haut lösen und sehr klein würfeln. Den Knoblauch schälen, dazupressen und untermischen.

**3** Das Koriandergrün waschen und trockenschütteln, die Blättchen klein schneiden und zu den Auberginen geben. 3 1/2 EL Olivenöl und den Zitronensaft unterrühren und mit Salz und Cayennepfeffer abschmecken. In ein Schüsselchen füllen, mit dem restlichen Öl beträufeln und mit dem Sesam bestreuen. Dazu passen Oliven, Petersilie, Gurke und Schafkäse.

## Besonders clever!

*Für **würzigen Rauchgeschmack** die Auberginen im Ganzen auf dem Holzkohlengrill backen. Dafür die Auberginen vorher einige Male einstechen, damit die Schale nicht platzt. Unter gelegentlichem Wenden am Rand des Grills ca. 40 Min. grillen, bis sie weich sind. Etwas abkühlen lassen, kalt abspülen und die Haut abziehen. Das Auberginenfleisch pürieren und wie beschrieben weiterverarbeiten.*

## aus dem Irak **Rote-Linsen-Püree mit Zitrone**

*(im Bild hinten)*

Für 4 Personen:
***120 g rote Linsen | 30 g Rundkornreis***
***1/2 l Gemüsebrühe (Instant) | 2 Schalotten***
***1 TL Koriandersamen***
***1 mittelgroße rote Paprikaschote***
***2 EL Olivenöl | Saft von 1 Zitrone***
***1 TL getrocknete Minze***
***1 Prise gemahlener Piment***
***Salz | Pfeffer***

Zubereitungszeit: ca. 30 Min.
Pro Portion: ca. 195 kcal

**1** Die Linsen und den Reis in der Gemüsebrühe aufkochen. Die Schalotten schälen, fein würfeln und unterrühren. Alles zugedeckt bei schwacher Hitze ca. 10 Min. leise kochen lassen. Koriandersamen im Mörser zerstoßen, unterrühren und weitere 5 Min. garen. Vom Herd nehmen und abkühlen lassen.

**2** Die Paprikaschote waschen, putzen und in sehr kleine Würfel schneiden.

**3** Olivenöl und Zitronensaft zu den Linsen geben und alles mit dem Pürierstab pürieren. Mit Minze, Piment, Salz und Pfeffer abschmecken. Drei Viertel der Paprikawürfel unter das Linsenpüree heben und in ein Schüsselchen füllen. Mit den restlichen Paprikawürfeln bestreuen.

### Clever variiert

Sie können das Rote-Linsen-Püree auch mit **feinem Bulgur** zubereiten: Dafür 200 g rote Linsen in 250 ml Wasser 20 Min. garen und mit 100 g gehackter Petersilie, 200 g Tomatenwürfeln, 100 g geriebenen Zwiebeln, 200 g feinem Bulgur, 20 g Tomatenmark und 2 EL Olivenöl ca. 10 Min. verkneten. Schmeckt wunderbar mit Fladenbrot zum Frühstück und passt auf die Mezze-Tafel.

## blitzschnell **Petersilien-Tahina-Dip**

*(im Bild vorne)*

Für 4 Personen:
***1 Bund glatte Petersilie***
***2 Knoblauchzehen | 1 Limette***
***3 EL Tahina (Sesampaste; s. S. 4) | Salz***

Zubereitungszeit: ca. 10 Min.
Pro Portion: ca. 75 kcal

**1** Die Petersilie waschen und die Blättchen nass grob schneiden. Den Knoblauch schälen und fein hacken. Die Limette auspressen.

**2** Tahina, Knoblauch, Limettensaft und 2–3 EL Wasser in ein hohes Aufschlaggefäß geben und mit dem Pürierstab so lange pürieren, bis eine cremige, weiße Masse entsteht.

**3** Die Petersilie dazugeben und alles nochmals pürieren. Den Dip mit Salz abschmecken.

### Styling-Tipp

In der orientalischen Küche benutzt man zwar traditionsgemäß glatte Petersilie, aber mit 2 Bund krauser Petersilie erhält Ihr Dip eine besonders **schöne grüne Farbe.** Dann kommt auch die für diesen in der ostarabischen Küche beliebten Dip typische Deko besonders gut zur Geltung: **gebratene rote Paprikawürfel,** die in der Mitte aufgehäuft werden.

### *Besonders clever!*

*Petersilien-Tahina-Dip plus Babaghanoush plus Hummus (s. S. 24/25) plus ofenfrisches Fladenbrot – fertig ist die **kleine Mezze-Tafel.** Oder ist eine nussig-säuerliche **Sauce zu Fisch** gefragt? Dann einfach den Petersilien-Tahina-Dip mit Limettensaft und Wasser verdünnen, bis die gewünschte Konsistenz erreicht ist.*

## fruchtig & würzig Möhren-Dip mit Kardamom

Für 4 Personen:
***300 g Möhren***
***1 kleine Süßkartoffel (ca. 80 g)***
***1 unbehandelte Zitrone***
***1 Zweig frischer Thymian***
***6 Kardamomkapseln***
***1/2 unbehandelte Orange***
***2 EL Olivenöl***
***Salz / Pfeffer***
Außerdem:
***Pergamentpapier oder Alufolie***

Zubereitungszeit: ca. 15 Min.
Backzeit: ca. 25 Min.
Pro Portion: ca. 75 kcal

**1** Backofen auf 200° (Umluft 180°) vorheizen. Möhren, Süßkartoffel und Zitrone gründlich waschen. Die Zitrone in sechs Stücke schneiden und mit dem Gemüse, Thymian und Kardamom in Pergament oder Alufolie wickeln. Im heißen Ofen (Mitte) 25 Min. garen. Abkühlen lassen.

**2** Die Orangenhälfte heiß abwaschen und abtrocknen. 1/2 TL Schale abreiben, den Saft auspressen. Möhren und Süßkartoffel schälen und in grobe Stücke schneiden. Mit Orangensaft und Öl mit dem Pürierstab fein pürieren. Mit Orangenschale, Salz und Pfeffer abschmecken.

### Besonders clever!

*Reißen Sie mit einem Zestenreißer ein paar* ***dekorative Zesten*** *von der ausgepressten Orangenschale und garnieren den Möhren-Dip damit. Die ätherischen Öle der Schale geben der Sache einen frisch-würzigen Kick.*

preiswerter Genuss

# Bohnenpüree

Für 4 Personen:
***250 g getrocknete Dicke Bohnen (s. Tipp)***
***2 Knoblauchzehen / Salz***
***1/2 Bund Schnittlauch***
***3 EL Olivenöl***
***1/2 TL gemahlener Kreuzkümmel***
***1 TL edelsüßes Paprikapulver***
***Saft von 1 Zitrone***

Zubereitungszeit: ca. 20 Min.
Einweichzeit: 12 Std.
Garzeit: ca. 20 Min.
Pro Portion: ca. 225 kcal

**1** Die Dicken Bohnen 12 Std. (am besten über Nacht) in 1 l Wasser einweichen, abgießen. Die Bohnenkerne aus den Schalen herauslösen und in einen Topf geben. Knoblauch schälen und dazupressen. Mit Wasser bedecken, schwach salzen und aufkochen lassen. Zugedeckt bei schwacher Hitze ca. 20 Min. garen.

**2** Den Schnittlauch waschen, trockenschütteln und in feine Röllchen schneiden. Die Bohnen und den Sud durch ein feines Sieb in einen Topf streichen. Olivenöl, Kreuzkümmel, Paprikapulver und etwas Salz dazugeben und bei schwacher Hitze unter Rühren sämig einkochen lassen.

**3** Das Püree mit dem Zitronensaft und der Hälfte des Schnittlauchs abschmecken. Mit dem restlichen Schnittlauch garnieren.

## Clever einkaufen

Getrocknete Dicke Bohnen bekommen Sie im Orientladen als **Fava-Bohnen** oder **Foul** oder unter dem deutschen Namen **Saubohnen.** Achten Sie auf das Verfallsdatum: Die Bohnen sollten nicht älter als ein Jahr sein – sonst bleiben sie hart und schmecken nicht mehr gut. Getrocknete Bohnen sind stärkehaltiger und eignen sich deshalb besser für Pürees als frische oder tiefgekühlte Dicke Bohnen.

## knackig & kross **Fattoush**

*(im Bild hinten)*

Für 4 Personen:
***1 dünnes arabisches Fladenbrot (ersatzweise 1 Scheibe Toastbrot)***
***Saft von 1 Zitrone / 2 EL Olivenöl***
***Salz / Pfeffer***
***4 Stiele frische Minze***
***1 Bund glatte Petersilie***
***1 Frühlingszwiebel***
***2 Knoblauchzehen***
***1/2 Salatgurke***
***250 g reife feste Tomaten***
***1/2 gelbe Paprikaschote***
***1/2 Bund Radieschen***
***1/4 Kopf Romanasalat***
***1 EL Sumach (s. S. 4)***

Zubereitungszeit: ca. 40 Min.
Pro Portion: ca. 75 kcal

**1** Den Backofen auf 200° (Umluft 180°) vorheizen. Das Fladenbrot darin ca. 6 Min. aufbacken (das Toastbrot toasten).

**2** Inzwischen in einer Salatschüssel die Hälfte des Zitronensaftes mit dem Öl, Salz und Pfeffer verrühren. Minze und Petersilie waschen und trockenschütteln, die Blättchen klein schneiden. Die Frühlingszwiebel putzen, waschen und klein schneiden. Mit den Kräutern in die Sauce geben. Knoblauch schälen und dazupressen.

**3** Die Gurke, die Tomaten, die Paprikaschote und die Radieschen waschen, putzen und klein würfeln. Alles mit der Salatsauce mischen.

**4** Den Salat waschen, trockenschleudern und in ca. 1/2 cm breite Streifen schneiden. Kurz vor dem Servieren untermischen, damit er knackig bleibt. Mit dem restlichen Zitronensaft abschmecken. Das Brot in mundgerechte Stücke reißen und mit dem Sumach unter den Salat mischen.

### Tauschbörse

Sie können die Hälfte des Zitronensaftes durch sauer eingekochten **Granatapfelsaft** (s. S. 4) oder **Aceto balsamico** ersetzen.

## geht ganz easy **Auberginensalat mit Mandeln**

*(im Bild vorne)*

Für 4 Personen:
***2 große Auberginen (ca. 500 g) / Salz***
***75 g gehäutete Mandeln***
***1 kleines Bund Petersilie / 2 EL Olivenöl***
***Saft von 1 Zitrone / Pfeffer***
***Öl für das Backblech***

Zubereitungszeit: ca. 15 Min.
Backzeit: ca. 20 Min.
Pro Portion: ca. 185 kcal

**1** Den Backofen auf 180° (Umluft 160°) vorheizen. Die Auberginen längs halbieren und die Schnittflächen salzen. Die Auberginen mit der Schnittfläche nach oben auf ein geöltes Backblech setzen und im heißen Ofen (Mitte) ca. 20 Min. backen.

**2** Die Mandelkerne halbieren und in einer trockenen Pfanne bei mittlerer Hitze goldbraun rösten. Die Petersilie waschen, trockenschütteln und die Blättchen in feine Streifen schneiden.

**3** Das Fruchtfleisch mit einem Löffel aus den Auberginenhälften lösen, in ca. 1 1/2 cm große Würfel schneiden und in eine Schüssel geben. Die Petersilie und die Mandeln hinzugeben. Mit Olivenöl, Zitronensaft, Salz und Pfeffer würzen.

### Stylingtipp

Zugegeben: Der Salat schmeckt gigantisch gut, macht optisch aber nicht viel her. Das Problem ist schnell behoben: **Getrocknete Tomaten** klein würfeln und den Salat damit bestreuen.

## blitzschneller Frischekick **Orangensalat mit Minze**

Für 4 Personen:
***1/2 Bund Frühlingszwiebeln***
***1 rote Paprikaschote***
***4 Stiele frische Minze | 1 Zitrone***
***2 EL Olivenöl | Salz | 4 saftige Orangen***
***1/2 TL Anissamen***
***1/2 TL schwarze Pfefferkörner***

Zubereitungszeit: ca. 20 Min.
Pro Portion: ca. 70 kcal

**1** Die Frühlingszwiebeln waschen und putzen. Die weißen Teile in feine Ringe schneiden (die grünen Teile beiseite legen) und in eine Schüssel geben. Die Paprikaschote waschen, putzen, sehr klein würfeln und dazugeben.

**2** Die Minze waschen und trockenschütteln, die Blättchen fein schneiden. Die Zitrone auspressen. Olivenöl, Minze, Zitronensaft und etwas Salz unter das Gemüse rühren.

**3** Die Orangen so schälen, dass auch die weiße Haut entfernt wird. In Scheiben schneiden und rosettenartig auf einer Platte anrichten. Die Frühlingszwiebelmischung darüber verteilen.

**4** Das Frühlingszwiebelgrün schräg in feine Streifen schneiden und diese über den Salat streuen. Den Anissamen im Mörser fein zerstoßen. Den Pfeffer im Mörser grob zerstoßen. Beides mischen und über den Salat streuen.

### Tauschbörse

Nehmen Sie statt hellen Orangen **Blutorangen.** Wer Anis nicht mag, kann ihn ganz weglassen oder nach Belieben durch 1 Prise gemahlenen **Kreuzkümmel** ersetzen.

## fruchtig-pikanter Klassiker **Paprikasalat**

Für 4 Personen:
***je 1 rote, gelbe und grüne Paprikaschote***
***1/2 Netzmelone***
***2 EL Gemüsebrühe (Instant)***
***2 EL Zitronensaft***
***1 EL Olivenöl / Salz***
***Cayennepfeffer***
***2 Stiele Koriandergrün (nach Belieben)***
***Öl für das Backblech***

Zubereitungszeit: ca. 20 Min.
Backzeit: ca. 25 Min.
Pro Portion: ca. 70 kcal

**1** Den Backofen auf 200° (Umluft 180°) vorheizen. Die Paprikaschoten waschen, halbieren, putzen und mit den Schnittflächen nach unten auf ein geöltes Backblech setzen. Im heißen Ofen (Mitte) ca. 25 Min. backen, bis die Haut dunkel wird und Blasen wirft.

**2** Die Melone entkernen, schälen und in längliche Spalten schneiden. Gemüsebrühe, Zitronensaft und Olivenöl mischen und mit Salz und 1 Prise Cayennepfeffer abschmecken.

**3** Paprikahälften herausnehmen, kurz abkühlen lassen, häuten und nochmals längs halbieren. Paprikastreifen und Melonenspalten anrichten, mit der Sauce beträufeln. Nach Belieben Korianderblättchen abzupfen und darüber streuen.

### Orient-Varianten

Im **Jemen** würzt man statt mit Cayennepfeffer, mit Zhoug oder Zhug, einer feurigen Paste.
In **Algerien** werden die Paprika mit Gurken- und Tomatenscheiben, Oliven und Anchovis angerichtet und mit Zitrone, Olivenöl, Salz und Pfeffer gewürzt. Im **Irak** kocht man die gebackenen Paprikastreifen kurz in ca. 1/8 l Tomatensauce auf und serviert sie warm oder kalt.

## ratzfatz zubereitet **Gurken-Oliven-Salat**

*(im Bild hinten)*

Für 4 Personen:
***je 50 g schwarze und grüne Oliven***
***1 Salatgurke***
***2 Schalotten***
***1 Zitrone / 1/2 Orange***
***2 EL Olivenöl***
***1 TL Orangenblütenwasser (s. S. 4)***
***Salz / Pfeffer***

Zubereitungszeit: ca. 20 Min.
Pro Portion: ca. 85 kcal

**1** Oliven entsteinen und in sehr kleine Würfel schneiden. Die Gurke schälen, längs halbieren, entkernen und in feine Scheiben schneiden. Die Schalotten schälen und fein würfeln.

**2** Die Zitrone und die Orangenhälfte auspressen. Den Saft mit dem Olivenöl, dem Orangenblütenwasser, der Hälfte der Olivenwürfelchen und den Schalotten verrühren und unter die Gurkenscheiben mischen. Mit Salz und Pfeffer abschmecken. Den Salat mit den restlichen Olivenwürfelchen dekorieren.

### Clever vorbereiten

Sie erwarten **Gäste?** Dann bereiten Sie den Salat einfach schon 1 Std. vor deren Ankunft vor. Bestreuen Sie die Gurkenscheiben mit Salz und drücken sie kurz vor dem Servieren aus. Oliven und Schalotten mit der Sauce mischen und durchziehen lassen. Den Salat kurz vor dem Servieren mischen und anrichten.

### Orient-Variante

In der **ostarabischen Küche** kommt der Salat mit einer Zitronen-Öl-Sauce auf den Tisch: Dafür 3 EL Joghurt mit 1 TL Olivenöl, 1 durchgepressten Knoblauchzehe und 1 Prise Salz verrühren. 1/2 Salatgurke und 1 Tomate in Scheiben auf eine Platte legen, die Sauce darauf verteilen. Nach Belieben mit Pellkartoffelscheiben anreichern und mit Frühlingszwiebelringen bestreuen.

## aromatisch **Süßkartoffelsalat mit Ingwer**

*(im Bild vorne)*

Für 4 Personen:
***500 g Süßkartoffeln***
***Salz / 2 Schalotten***
***1 Bund Schnittlauch***
***je 1/2 Bund Koriandergrün und Petersilie***
***4 EL Olivenöl***
***1 Prise gemahlener Safran***
***1 walnussgroßes Stück frischer Ingwer***
***1/2 Zitrone***
***1/2 TL gemahlener Kreuzkümmel***
***Pfeffer***

Zubereitungszeit: ca. 30 Min.
Ruhezeit: ca. 15 Min.
Pro Portion: ca. 185 kcal

**1** Die Süßkartoffeln schälen und in ca. 1 cm große Würfel schneiden. 1/2 l Wasser aufkochen, salzen und die Süßkartoffeln darin ca. 6 Min. garen. Die Schalotten schälen und in sehr kleine Würfel schneiden. Die Kräuter waschen und trockenschütteln, Schnittlauch in Röllchen schneiden, Koriander und Petersilie fein hacken.

**2** Das Öl in einem Topf erhitzen und die Schalottenwürfel mit dem Safran darin bei mittlerer Hitze in ca. 2 Min. unter Rühren glasig braten. In eine Schüssel geben.

**3** Den Ingwer schälen und fein reiben. Die Zitronenhälfte auspressen. Beides mit den Kräutern, dem Kreuzkümmel und je 1 Prise Salz und Pfeffer dazugeben. Süßkartoffeln abgießen und in die Marinade geben. Ca. 15 Min. ziehen lassen. Mit Salz und Pfeffer abschmecken.

**heiß geliebter Klassiker** 

# Tabouleh

Für 4 Personen:
***200 g feiner Bulgur***
***2 Zitronen***
***3 EL Olivenöl***
***Salz / Pfeffer***
***3 Tomaten***
***1 grüne Paprikaschote***
***4 Frühlingszwiebeln***
***6 Stiele frische Minze***
***1 Bund glatte Petersilie***

Zubereitungszeit: ca. 45 Min.
Pro Portion: ca. 245 kcal

**1** Den Bulgur waschen. In einer Schüssel mit ca. 9 EL warmem Wasser mischen. Das Wasser ca. 10 Min. mit der Faust unterkneten, bis der Bulgur gut feucht ist. 30 Min. ruhen lassen.

**2** Inzwischen die Zitronen auspressen. Den Saft bis auf 2 EL mit dem Olivenöl und etwas Salz und Pfeffer verquirlen.

**3** Tomaten und Paprikaschote waschen und putzen. Beides in Würfel schneiden und mit der Sauce vermischen. Die Frühlingszwiebeln waschen, putzen, in feine Scheiben schneiden und unterrühren. Minze und Petersilie waschen und trockenschütteln, die Blätter in feine Streifen schneiden und unterheben.

**4** Den Bulgur untermischen und den Salat mit dem restlichen Zitronensaft, Salz und Pfeffer abschmecken.

## Clever genießen

Dieser überall in der arabischen Welt beliebte Salat passt gut auf die Mezze-Tafel oder für ein vegetarisches Picknick. Servieren Sie knackige **Salatblätter** in mundgerechten Stücken dazu, damit kann sich jeder mundgerechte Fingerfood-Häppchen herstellen. Tabouleh schmeckt auch prima **als Beilage** zu Gegrilltem und zu herzhaftem Gebäck wie z. B. Fladenbrot mit Schafkäse (S. 21) oder zu den Teigtäschchen mit Hähnchenfüllung (S. 23).

## Tauschbörse

Viel, viel glatte Petersilie ist typisch für Tabouleh, weshalb er auch Petersiliensalat genannt wird. Der Bulgur dagegen kann bequem ausgetauscht werden. In Frankreich etwa bereitet man Tabouleh gern mit **Couscous** zu: 200 g Couscous mit 250 ml warmem Wasser begießen, kräftig durchmischen, ca. 30 Min. quellen lassen und wie im Rezept beschrieben weiterverarbeiten. Hervorragend schmeckt Tabouleh auch aus **Grünkerngrütze** (aus dem Reformhaus oder Bioladen): 200 g Grütze in 500 ml Gemüsebrühe unter Rühren aufkochen lassen, vom Herd ziehen und ca. 30 Min. quellen lassen.
Die Gemüsezutaten sind ebenfalls nicht festgelegt: Sie können die Paprikaschote weglassen und stattdessen z. B. 1/2 **Salatgurke** in Würfeln untermischen.

## Orient-Varianten

Im **Iran,** in **Kurdistan** und in der **Türkei** verwendet man statt Zitrone gern sauer eingekochten **Granatapfelsaft** (s. S. 4): Mischen Sie für die Sauce 4 EL davon mit 1 1/2 EL Olivenöl, Salz, Pfeffer sowie 2 TL pikanter Paprikapaste (z. B. Ajvar). Im **Libanon** gibt man der Sauce mit 1 Prise gemahlenem **Piment** oder der Würzmischung **Bhar** eine besondere Note. Bhar können Sie für dieses Rezept aus 1 gepressten Knoblauchzehe, 1 Prise Zimtpulver und 1 Prise frisch geriebener Muskatnuss selbst herstellen.

## Clever wiederverwenden

Servieren Sie **Tabouleh-Reste** am nächsten Tag zum Mittagessen. Falls sich Marinade abgesetzt hat, einfach abgießen und den Salat frisch mit Zitrone und Salz abschmecken.

## Streetfood-Klassiker **Falafel**

Für 30 Stück:
***je 125 g getrocknete Kichererbsen und dicke weiße Bohnen***
***1 Bund glatte Petersilie***
***1/2 Bund Koriandergrün***
***1 Frühlingszwiebel | 1 Knoblauchzehe***
***1/2 TL gemahlener Koriander***
***Salz | Pfeffer | 1/2 TL Backpulver***
***Erdnussöl zum Frittieren***

Zubereitungszeit: ca. 35 Min.
Einweichzeit: 12 Std.
Pro Stück: ca. 30 kcal

**1** Die Kichererbsen und die Bohnen zusammen in 750 ml Wasser mind. 12 Std. einweichen.

**2** Die Hülsenfrüchte durch ein Sieb abgießen, abtropfen lassen und im Mixer fein pürieren. Petersilie und Koriandergrün waschen und trockenschütteln, die Blätter fein hacken. Die Frühlingszwiebel waschen, putzen und fein hacken. Den Knoblauch schälen und durchpressen. Alles untermischen und nochmals gut durchmixen. Mit gemahlenem Koriander, Salz und Pfeffer würzen und das Backpulver untermischen.

**3** Mit angefeuchteten Händen walnussgroße Bällchen formen. In einem Topf oder einer Fritteuse Erdnussöl erhitzen und die Falafel darin portionsweise in ca. 3 Min. goldbraun frittieren. Mit einem Schaumlöffel herausheben und auf Küchenpapier abtropfen lassen.

### Clever genießen

Falafel isst man **traditionell** mit Fladenbrot, Tomaten- und Gurkenscheiben, Paprikastreifen und Petersilien-Tahina-Dip (Rezept S. 27).

## säuerlich frisch **Auberginen mit Granatapfel**

Für 4 Personen:
***2 Auberginen / Salz***
***1 Granatapfel***
***2 Knoblauchzehen***
***1/2 EL Olivenöl***
***2 EL sauer eingekochter Granatapfelsaft (s. S. 4)***
***Pfeffer***
***2 EL gehackte Petersilie***
***Olivenöl zum Ausbacken***

Zubereitungszeit: ca. 30 Min.
Pro Portion: ca. 110 kcal

**1** Die Auberginen waschen und in ca. 1 cm dicke Scheiben schneiden. Die Auberginenscheiben salzen, aufeinander stapeln und 20 Min. Wasser ziehen lassen. Den Granatapfel halbieren. Die Kerne über einer Schüssel herauslösen, dabei den Saft auffangen und die weißen Trennwände entfernen.

**2** Die Auberginen kalt abbrausen, ausdrücken und gut abtrocknen. Jeweils ca. 2 EL Öl in einer Pfanne erhitzen. Die Auberginen darin portionsweise bei mittlerer Hitze in ca. 2 Min. pro Seite goldgelb ausbacken, auf Küchenpapier entfetten und auf einer Platte anrichten.

**3** Den Knoblauch schälen und durchpressen. 1/2 EL Olivenöl in der Pfanne erhitzen und den Knoblauch darin goldbraun rösten. Granatapfelkerne samt Saft untermischen. Mit dem sauer eingekochten Granatapfelsaft, Salz und Pfeffer säuerlich abschmecken. Die Petersilie untermischen und alles einmal durchschwenken. Über die Auberginenscheiben verteilen.

### Clever variiert

Ebenfalls lecker: Statt mit eingekochtem Granatapfelsaft können Sie die Sauce auch mit je 1 EL **Aceto balsamico** und **dunkler Sojasauce** süßsauer abschmecken.

1

2

3

## mit einem Haps im Mund **Kibbeh mit Bulgur**

*(im Bild hinten links)*

Für 20 Stück:
***250 g feiner Bulgur | 2 Zwiebeln***
***50 g Pinienkerne | 1 EL Olivenöl***
***600 g Hackfleisch (Rind oder Lamm)***
***2 TL Kebab-Gewürzmischung (fertig aus dem Orientshop oder selbst gemacht, Rezept s. S. 8)***
***Salz | Erdnussöl zum Frittieren***

Zubereitungszeit: ca. 1 Std.
Pro Stück: ca. 135 kcal

**1** Bulgur waschen und in eine Schüssel füllen. Mit warmem Wasser knapp bedecken, 3 Min. durchkneten und zugedeckt ca. 15 Min. quellen lassen. Zwiebeln schälen und fein würfeln.

**2** Für die Füllung die Pinienkerne in einer trockenen Pfanne goldbraun rösten. In eine Schüssel geben. Das Öl in der Pfanne erhitzen und die Hälfte der Zwiebeln darin glasig anbraten. 200 g Hackfleisch zugeben und in ca. 15 Min. krümelig braten. Mit 1 TL Kebab-Gewürz und Salz abschmecken und mit den Pinienkernen mischen.

**3** Den Bulgur mit den Händen ausdrücken. Mit dem restlichen Hackfleisch, den restlichen Zwiebeln und dem restlichen Kebab-Gewürz verkneten. Mit Salz abschmecken. Aus der Masse 20 Bällchen formen. Jeweils ein Bällchen in die angefeuchtete Hand nehmen und mit dem Finger eine walnussgroße Mulde hineindrücken **(Step 1)**. In diese je 1 gehäuften TL Füllung geben, die Bällchen darüber verschließen und mit spitz zulaufenden Enden formen, so dass sie wie Mini-Zitronen aussehen **(Step 2)**.

**4** Reichlich Salzwasser aufkochen. Die Kibbeh darin 5 Min. bei schwacher Hitze ziehen lassen. Öl in einer tiefen Pfanne erhitzen. Die Kibbeh herausheben, abtropfen lassen und im heißen Öl portionsweise unter Wenden ca. 5 Min. frittieren. Herausheben und auf Küchenpapier abtropfen lassen. Warm oder kalt servieren.

## aus dem Irak **Bulgur-Grieß-Kuba**

*(im Bild vorne rechts)*

Für 12 Stück:
***125 g mittelfeiner Bulgur | 60 g Hartweizengrieß***
***1 Eigelb | Salz | Pfeffer | 1 Zwiebel | 2 EL Erdnussöl | 200 g Hackfleisch (Rind oder Lamm)***
***1 Prise getrocknete Minze | 1 Prise Cayennepfeffer | Öl zum Braten***

Zubereitungszeit: ca. 1 Std.
Ruhezeit: ca. 40 Min.
Pro Stück: ca. 120 kcal

**1** Bulgur und Grieß in eine Schüssel füllen und mit warmem Wasser bedeckt ca. 30 Min. quellen lassen. Dann das Wasser ausdrücken, das Ei, Salz und Pfeffer untermischen und alles in ca. 10 Min. zu einem Teig verkneten. Den Teig zugedeckt ca. 10 Min. ruhen lassen.

**2** Inzwischen für die Füllung die Zwiebel schälen und fein würfeln. 1 EL Öl in einer Pfanne erhitzen, die Zwiebel darin bei mittlerer Hitze glasig anbraten. Das Hackfleisch unterrühren und in ca. 15 Min. krümelig braten. Mit Salz, Pfeffer, Minze und Cayennepfeffer würzen. Die Füllung vom Herd nehmen.

**3** Vom Teig jeweils pflaumengroße Stücke abnehmen, zu Bällchen formen. Wie links gezeigt eine Mulde eindrücken, 2 TL Füllung hineingeben, verschließen und spitze Enden formen.

**4** Die Kuba bei schwacher Hitze 15 Min. in reichlich Salzwasser kochen. Herausnehmen und abtropfen lassen. Portionsweise in heißem Öl in einer Pfanne in ca. 10 Min. braun braten.

## macht was her **Fleischspießchen**

Für 4 Personen:
***2 Schalotten | 1 Knoblauchzehe | 1/2 Brötchen***
***500 g Hackfleisch (Rind oder Lamm)***
***2 Eier | 1 EL gehackte Petersilie***
***1/2 TL Cayennepfeffer***
***1 Prise Zimtpulver***
***Salz | Pfeffer***
***1 haselnussgroßes Stück frischer Ingwer***
***8 EL Sesamsamen***
***8 Holz- oder Metallspieße***
***Erdnussöl zum Braten***

Zubereitungszeit: ca. 45 Min.
Pro Portion: ca. 470 kcal

**1** Schalotten und Knoblauch schälen und fein würfeln. Das Brötchen einweichen, ausdrücken und fein zerzupfen. Alles mit dem Hackfleisch, Eiern, Petersilie und den Gewürzen mischen.

**2** Den Ingwer schälen und fein reiben. In einer Schüssel mit dem Sesamsamen vermischen.

**3** Aus der Fleischmasse 16 Bällchen formen und in der Sesammischung wenden. Jeweils zwei Bällchen auf einen Spieß stecken. In einer Pfanne reichlich Öl erhitzen. Die Spieße darin bei mittlerer Hitze von allen Seiten unter Wenden anbraten und zugedeckt ca. 10 Min. garen. Auf einer Platte anrichten.

### Clever genießen

Zu den Spießchen passt ein **Tomaten-Relish:** 2 Schalotten schälen und hacken. Mit 1 EL Honig in einem Topf 3 Min. goldbraun karamellisieren. 3 Tomaten würfeln und ca. 1 Min. miterhitzen. 2 EL Zitronensaft, 1 EL gehacktes Koriandergrün, 1/2 TL Chilipulver, 1 Prise Kardamompulver, Salz und Pfeffer unterrühren. Abgekühlt servieren.

# Grillgemüse mit Baharat

Für 4 Personen:
***1 Aubergine / Salz***
***2 grüne Paprikaschoten / 4 Tomaten***
***1 Zwiebel / 1 Zitrone***
***2 Knoblauchzehen / 3 EL Olivenöl***
***1 EL Baharat (fertig aus dem Orientshop oder selbst gemacht, Rezept s. S. 8)***
***1 EL gehackte Petersilie***

Zubereitungszeit: ca. 40 Min.
Pro Portion: ca. 85 kcal

**1** Die Aubergine waschen und in ca. 1 cm dicke Scheiben schneiden. Die Auberginenscheiben salzen, aufeinander stapeln und ca. 20 Min. Wasser ziehen lassen. Inzwischen die Paprikaschoten waschen, putzen und längs achteln. Die Tomaten waschen und halbieren, dabei die Stielansätze entfernen. Die Zwiebel schälen und in ca. 1 cm dicke Scheiben schneiden.

**2** Die Zitrone auspressen und den Saft in ein Schüsselchen geben. Den Knoblauch schälen und dazupressen. 2 EL Olivenöl, Baharat und 1 Prise Salz untermischen.

**3** Den Backofen zum Warmhalten auf 70° vorheizen. Eine Grillpfanne erhitzen und mit dem restlichen Öl einpinseln. Die Auberginen ausdrücken und trockentupfen. Von jeder Seite ca. 5 Min. grillen und auf einer Platte im Ofen warm halten. Paprikaschoten ca. 8 Min. je Seite grillen, herausnehmen und warm stellen. Tomaten und Zwiebeln ca. 3 Min. pro Seite grillen. Zum übrigen Gemüse auf die Platte geben.

**4** Alles mit der Marinade beträufeln und mit der Petersilie bestreuen. Dazu passen die Fleischspießchen von S. 42 oder für ein vegetarisches Essen Falafel (s. S. 38), Fattoush (s. S. 31) oder Tabouleh (s. S. 37).

# Mit Bulgur, Reis & Couscous

# Klassiker für Familie und Freunde

***Was Bulgur für die ostarabische Küche, ist Couscous für die westarabische: Bei Groß und Klein beliebt ist Bulgurpilaw – genau das Richtige fürs Familienfest. Couscous schmeckt ebenfalls köstlich und ist in der Zubereitung denkbar einfach – perfekt für einen Abend mit Freunden. Der im Vorderen Orient hoch geschätzte und dekorativ servierte Reis verschönt jedes Gästeessen.***

### *Bulgur – das Allroundtalent*

Ob überraschend Gäste kommen oder ein Fest für hundert und mehr Eingeladene ausgerichtet wird, vom Libanon bis hin zum Irak greifen die arabischen Hausfrauen dann gern zu Bulgur. Es gibt goldgelben, hellen Bulgur und dunklen Vollkorn-Bulgur, jeweils in feiner, mittelfeiner und grober Qualität.

**Feiner Bulgur** wird für **Salate** verwendet. Dafür gibt es zwei Arten der Zubereitung: Sie können den Bulgur entweder mit warmem Wasser bedeckt ruhen lassen, bis die übrigen Salatzutaten vorbereitet sind. Dann pressen Sie ihn mit den Händen aus, kneten ihn kurz und mischen ihn unter den Salat. Oder Sie geben den Bulgur in eine Schüssel, kneten ihn 10 Min. lang und geben dabei esslöffelweise warmes Wasser hinzu. Danach 30 Min. ruhen lassen. Der Bulgur sollte weich, aber bissfest sein.

**Mittelfeiner Bulgur** wird vorwiegend für **Füllungen** verwendet. **Grober Bulgur** wird besonders gerne als **Beilage** gegessen: Für 4 Personen benötigen Sie 300 g Bulgur. Kochen Sie 600 ml Brühe oder Salzwasser auf und schütten Sie den Bulgur hinein. Bringen Sie das Ganze wieder zum Kochen und lassen den Bulgur dann 20–30 Min. bei schwacher Hitze zugedeckt köcheln. Weitere Beilagenrezepte finden Sie auf S. 46 und 47.

### *Reis – beliebt im ganzen Vorderen Orient*

Langkornreis, bevorzugt Basmati-Reis, wird nach der Pilaw-Methode gegart. Hier das **Grundrezept:** Für 4 Personen 300 g Reis waschen und in einer Schüssel mit warmem Wasser bedecken. Ca. 20 Min. quellen lassen, dann abgießen. In einem Topf 2 gehackte Zwiebeln in 1 EL Öl glasig anbraten. Reis hinzufügen und unter Rühren ca. 3 Min. anrösten. Salzen und mit 1/2 l kochend heißer Brühe oder Wasser auffüllen. Aufkochen lassen und bei schwacher Hitze zugedeckt ca. 15 Min. garen. Mit Salz und Pfeffer würzen. Wer mag, brät zusammen mit dem Reis 1 Prise Safran oder je 1 Prise Kardamom und Piment sowie 1/2–1 TL Zimtpulver an.

### *Couscous – Grundnahrungsmittel Nr. 1*

In Nordafrika ist Couscous die Basis fast jeden Essens. Er wird befeuchtet, in einem Spezialsieb im Topf über ein Schmorgericht gehängt und zugedeckt im Dampf desselben gegart. Einfacher und schneller geht es mit Instant-Couscous, den es in den Sorten »fein« und »mittelfein« zu kaufen gibt. Welchen Sie verwenden, ist Geschmackssache.

Das **Grundrezept** ist für beide gleich: Für 4 Personen 300 g Couscous mit 400 ml kochendem Salzwasser oder Gemüsebrühe verrühren.

1 EL Öl unterrühren, vom Herd nehmen und zugedeckt 5 Min. quellen lassen. 1 EL Butter mit einer Gabel unterrühren, damit der Couscous aufgelockert wird und die Körner nicht zusammenkleben. Vor dem Servieren den Couscous unter ständigem Rühren bei schwacher Hitze wieder heiß werden lassen.

Wissen Sie, wie Couscous original orientalisch angerichtet wird? Häufen Sie ihn kegelförmig auf einer großen Platte auf und arrangieren Sie Gemüse, Fisch oder Fleisch drum herum. Ist ein toller Blickfang für Ihre nächste Einladung!

## würzig mit Biss Bulgur-Pilaw mit Trockenfrüchten

*(im Bild vorne)*

Für 4 Personen:
***300 g grober heller Bulgur | Salz***
***50 g Rosinen | je 50 g weiche getrocknete Aprikosen und Feigen***
***50 g Mandeln | 1 EL Butterschmalz***
***1/2 TL gemahlener Kreuzkümmel***
***1/2 TL Zimtpulver | Pfeffer***
***2 Stiele frische Minze | 1 EL Butter***

Zubereitungszeit: ca. 45 Min.
Pro Portion: ca. 480 kcal

**1** Den Bulgur in einem feinen Sieb mit warmem Wasser überbrausen. 600 ml Wasser salzen und aufkochen. Bulgur dazugeben, aufkochen und 15 Min. bei schwacher Hitze zugedeckt garen.

**2** Inzwischen die Rosinen von warmem Wasser bedeckt quellen lassen. Aprikosen und Feigen klein würfeln. Mandeln 2 Min. in kochendem Wasser blanchieren, abgießen und häuten.

**3** Die Mandeln halbieren und in einer Pfanne ohne Fett goldbraun rösten. Herausnehmen. Das Butterschmalz in die Pfanne geben und auf mittlere Hitze erwärmen. Die Rosinen abgießen, abtropfen lassen. Mit den Aprikosen und Feigen hineingeben. Unter Rühren 2–3 Min. anbraten.

**4** Den Bulgur abgießen und untermischen. Vom Herd nehmen und mit Kreuzkümmel, Zimt, Salz und Pfeffer würzen. Mit einem Tuch abdecken, den Deckel fest auflegen und den Bulgur 10–15 Min. ausdämpfen lassen.

**5** Die Minze waschen und trockenschütteln, die Blättchen fein schneiden. Die Butter in einer Pfanne zerlassen und über den Bulgur geben. Mit den Mandeln und der Minze garnieren. Zu Fleischspießchen (s. S. 42) servieren.

## beliebter Klassiker Bulgur mit Mangold

*(im Bild vorne)*

Für 4 Personen:
***150 g Mangoldblätter***
***600 ml Hühnerbrühe (Instant)***
***2 EL Öl***
***300 g grober Bulgur (hell oder Vollkorn oder eine Mischung daraus)***
***Salz***

Zubereitungszeit: ca. 20 Min.
Pro Portion: ca. 325 kcal

**1** Die Mangoldblätter waschen und samt Stielen in Streifen schneiden. Die Hühnerbrühe (Veggies nehmen stattdessen Salzwasser) in einem Topf aufkochen und den Mangold darin 2–3 Min. blanchieren. Durch ein Sieb abgießen, Brühe auffangen. Den Mangold gut abtropfen lassen.

**2** Das Öl in einem Topf erhitzen. Mangold und Bulgur darin anbraten. Die aufgefangene Brühe nach und nach untermischen und bei mittlerer Hitze offen in 10–15 Min. garen, bis alle Flüssigkeit verdampft ist. Mit Salz abschmecken. Schmeckt pur oder neben glatt gerührtem Joghurt als Beilage zu Fleischgerichten wie z. B. Gewürzter Lammkeule (s. S. 89) oder Hähnchen mit Oliven und Okras (s. S. 101).

### Clever variiert

Frühlingszeit ist **Bärlauchzeit!** Bulgur schmeckt auch ganz fantastisch mit der gleichen Menge Bärlauch statt Mangold.
Supereinfach und sehr beliebt als Alltagsbeilage zu Fleisch- und Gemüsegerichten ist **Tomaten-Bulgur:** 2 EL Butter in einer Pfanne erhitzen. 1 EL Tomatenmark unterrühren und kurz anbraten. 300 g groben Bulgur dazugeben und 1 Min. mitbraten. Mit 900 ml Brühe ablöschen und in 10–15 Min. garen, dabei gelegentlich umrühren. Vor dem Servieren mit Salz würzen.

aus dem Iran

# Reis-Pilaw mit Berberitzen

Für 4 Personen:
***300 g Basmati-Reis***
***4 EL Rosinen***
***1 EL Berberitzen (s. S. 4)***
***je 2 Zwiebeln und Knoblauchzehen***
***1 EL Erdnussöl***
***1 EL Pinienkerne***
***500 ml Gemüsebrühe (Instant)***
***1 TL Zimtpulver***
***1 TL gemahlener Kardamom***
***Salz | Pfeffer***

Zubereitungszeit: ca. 45 Min.
Pro Portion: ca. 350 kcal

**1** Den Reis waschen und von warmem Wasser bedeckt 20 Min. quellen lassen, dann abgießen. Die Rosinen und die Berberitzen waschen und separat in Wasser 20 Min. quellen lassen.

**2** Inzwischen die Zwiebeln und den Knoblauch schälen. Die Zwiebeln sehr fein würfeln, den Knoblauch durchpressen.

**3** Das Öl in einem Topf erhitzen, Zwiebeln darin ca. 1 Min. glasig braten. Pinienkerne, Knoblauch und Reis dazugeben und ca. 3 Min. mit anrösten. Mit der Brühe auffüllen, salzen, aufkochen und ca. 10 Min. leise kochen lassen.

**4** Die Rosinen und Berberitzen abgießen und untermischen. Mit Zimt und Kardamom würzen. Alles in ca. 10 Min. fertig garen. Mit Salz und Pfeffer abschmecken. Zu gegrilltem Gemüse (s. S. 43) ein Genuss!

## Tauschbörse

Statt Berberitzen können Sie auch getrocknete **Sauerkirschen** oder **Cranberries** verwenden.

beliebtes Familiengericht

# Tomaten-Reis-Pilaw

Für 4 Personen:
***300 Basmati-Reis***
***1 Bund glatte Petersilie***
***2 Zwiebeln***
***2 Tomaten***
***1 EL Olivenöl***
***250 g Hackfleisch (Rind oder Lamm)***
***Salz | Pfeffer***
***1/2 TL gemahlener Kreuzkümmel***
***1/2 l Gemüsebrühe (Instant)***

Zubereitungszeit: ca. 1 Std.
Pro Portion: ca. 445 kcal

**1** Den Reis waschen und von warmem Wasser bedeckt ca. 20 Min. quellen lassen. Inzwischen die Petersilie waschen und trockenschütteln, die Blättchen klein schneiden. Die Zwiebeln schälen und klein schneiden. Die Tomaten waschen und ohne Stielansätze in kleine Würfel schneiden.

**2** Das Öl in einem Topf erhitzen. Die Zwiebeln darin bei mittlerer Hitze glasig braten. Hackfleisch dazugeben und 5 Min. mitbraten. Den Reis darauf geben, mit Salz, Pfeffer und Kreuzkümmel würzen. Die Brühe angießen, aufkochen lassen und 12 Min. zugedeckt unter gelegentlichem Umrühren garen. Tomaten und Petersilie unterrühren. Lecker dazu: warmes Fladenbrot (s. S. 19) und Schafkäse.

## Tauschbörse

Lust auf Gemüse? Dann bereiten Sie den Pilaw doch mit **jungen Möhren** zu: 100 g Möhren putzen, in dünne Scheiben schneiden, 3 Min. in Salzwasser vorgaren und in den letzen 10 Min. zum Reis geben. Oder TK-**Erbsen** mit 1 EL fein geschnittener Minze in wenig Wasser aufkochen, abgießen und 3 Min. vor Ende der Garzeit untermischen. Für echten Orient-Touch 200 g vorgegarte **Kichererbsen** (s. S. 12) mitkochen.

aus dem Libanon

# Kürbis-Kibbeh in Joghurtsauce

Für 14 Bällchen:
***250 g Kürbis***
***50 ml Gemüsebrühe***
***Salz | 100 g feiner Bulgur***
***1 Zwiebel***
***2 TL Olivenöl***
***150 g Hackfleisch (Lamm oder Rind)***
***Pfeffer***
***1/2 TL Kefta-Gewürz (fertig aus dem Orientshop oder selbst gemacht, Rezept s. S. 8)***
***40 g gehackte Walnusskerne***
***100 g Mehl***
***250 g Joghurt (10 %)***
***4 frische Minzeblättchen***
***Öl zum Frittieren***

Zubereitungszeit: ca. 1 Std.
Pro Stück: ca. 125 kcal

**1** Kürbis waschen, putzen, würfeln und in der Brühe ca. 15 Min. garen, salzen und abtropfen lassen. Den Bulgur mit der Brühe übergießen. Zwiebel schälen und hacken. Im Öl mit dem Hackfleisch anbraten, mit Salz, Pfeffer und Kefta-Gewürz würzen. Walnüsse untermischen.

**2** Kürbis mit der Gabel zerdrücken. Bulgur auspressen, beides mit dem Mehl verkneten, salzen und pfeffern. Davon wie auf S. 40 gezeigt pflaumengroße Stücke abnehmen, füllen und zu Bällchen mit spitzen Enden formen. 15 Min. in Salzwasser bei schwacher Hitze kochen lassen, dann 5 Min. in Öl frittieren.

**3** Joghurt mit der Minze, Salz und 1/8 l kaltem Wasser in einen Topf geben. Die Kibbeh hineingeben, langsam zum Kochen bringen.

aus dem Iran

# Bulgur-Kibbeh in Tomatensauce

Für 4 Personen:

***500 g Tomaten***
***3 Knoblauchzehen | 3 Kartoffeln***
***1 EL Olivenöl***
***Salz | Pfeffer***
***1 Prise Baharat (fertig aus dem Orientshop oder selbst gemacht, Rezept s. S. 8)***
***1 TL Tomatenmark***
***50 g gegarte Kichererbsen (s. S. 12 oder aus der Dose)***
***1/2 l Gemüsebrühe (Instant)***
***1 Zwiebel | 1 Bund Petersilie***
***300 g Hackfleisch (Rind oder Lamm)***
***1 Prise Kefta-Gewürz (fertig aus dem Orientshop oder selbst gemacht, Rezept s. S. 8)***
***Salz | 200 g feiner Bulgur***
***1 EL Mehl | 1 Ei***
***1 EL Olivenöl***
***Öl zum Braten***

Zubereitungszeit: ca. 1 Std.
Pro Portion: ca. 555 kcal

1 Die Tomaten waschen und klein würfeln. Den Knoblauch schälen und hacken. Die Kartoffeln waschen, schälen und längs vierteln.

2 Das Öl erhitzen, den Knoblauch darin anbraten. Salz, Pfeffer, Baharat, Tomatenmark und Kartoffeln dazugeben und ca. 6 Min. mitbraten. Tomaten und Kichererbsen unterrühren. Brühe angießen, ca. 10 Min. offen leise kochen lassen.

3 Die Zwiebel schälen und fein reiben. Die Petersilie waschen und fein hacken. Beides mit Hackfleisch, Kefta-Gewürz, Salz, Bulgur, Mehl, Ei und Olivenöl vermischen und 5 Min. kneten. Ca. 10 Min. ruhen lassen. Aus der Masse ca. 40 pflaumengroße Bällchen mit spitz zulaufenden Enden formen (s. S. 40).

4 Öl in einer Pfanne erhitzen und die Bällchen darin von allen Seiten bei mittlerer Hitze braun braten. In die Sauce geben und zugedeckt bei schwacher Hitze ca. 15 Min. kochen lassen.

# Mit Couscous *und zartem Lamm*

## macht was her **Couscous mit Lammspießchen**

Für 4–6 Personen:
Für 16 Lammspießchen:
***600 g Lammfleisch (aus der Hüfte)***
***2 TL Ras-el-Hanout (fertig aus dem Orientshop oder selbst gemacht, Rezept s. S. 8)***
***2 EL Olivenöl | 4 Frühlingszwiebeln***
Für das Gemüse:
***100 g Kichererbsen | 2 Schalotten***
***je 400 g Möhren und weiße Rüben***
***je 250 g Zucchini und Auberginen***
***300 g Tomaten | 2 Knoblauchzehen***
***1 walnussgroßes Stück frischer Ingwer***
***1 EL gemahlene Kurkuma***
***1 EL gemahlener Kreuzkümmel | 4 EL Olivenöl***
***1 l Gemüsebrühe (Instant)***
***Salz | Pfeffer | Cayennepfeffer***
Für den Couscous:
***300 g Couscous | 1 EL Olivenöl | 1 EL Butter***
Außerdem:
***8 Holz- oder Metallspieße***

Zubereitungszeit: ca. 1 Std. 10 Min.
Marinier- und Einweichzeit: 12 Std.
Bei 6 Personen pro Portion: ca. 500 kcal

**1** Das Fleisch kalt abspülen, trockentupfen, in ca. 1 1/2 cm große Würfel schneiden und mit Ras-el-Hanout und dem Öl vermischen. Die Frühlingszwiebeln waschen und putzen. Das Grün abschneiden und in den Kühlschrank geben. Das Weiße in ca. 2 cm lange Stücke schneiden. Abwechselnd 2 Fleischstücke und ein Frühlingszwiebelstück auf die Spieße stecken. Zugedeckt 12 Std. in den Kühlschrank geben. Die Kichererbsen 12 Std. in ca. 300 ml Wasser einweichen.

**2** Für das Gemüse die Schalotten schälen und in kleine Würfel schneiden. Möhren und Rüben waschen und schälen. Möhren in ca. 2 1/2 cm große Stücke schneiden, die Rüben achteln. Zucchini und Auberginen waschen, putzen, längs vierteln und in große Stifte schneiden.

**3** Die Tomaten waschen und ohne Stielansätze klein schneiden. Knoblauch und Ingwer schälen und fein hacken. Tomaten, Knoblauch, Ingwer, Kurkuma und Kreuzkümmel im Mixer oder in einem hohen Aufschlaggefäß mit dem Pürierstab pürieren.

**4** 3 EL Öl in einem Topf erhitzen und die Schalotten darin bei mittlerer Hitze glasig dünsten. Die Kichererbsen abgießen und dazugeben. Mit der Gemüsebrühe auffüllen, aufkochen lassen und 20 Min. zugedeckt bei schwacher Hitze kochen lassen. Möhren und weiße Rüben unterrühren und weitere 10 Min. kochen lassen.

**5** Inzwischen in einem Topf 400 ml Salzwasser aufkochen, den Couscous einrühren. Das Öl untermischen, den Topf vom Herd nehmen und den Couscous zugedeckt 5 Min. quellen lassen.

**6** Zucchini, Auberginen und Tomatenpüree zum Gemüse geben und mitgaren, bis die Spieße gebraten sind. Mit Salz, Pfeffer und Cayennepfeffer würzig abschmecken.

**7** Die Spieße aus dem Kühlschrank nehmen. Eine Grillpfanne mit dem restlichen Öl einpinseln, erhitzen und die Spieße darin portionsweise bei mittlerer Hitze je Seite ca. 3 Min. braten. Herausnehmen und warm halten.

**8** Den Couscous mit einer Gabel auflockern **(Step 1)**. Die Butter untermischen und den Couscous unter Rühren mit dem Kochlöffel bei schwacher Hitze heiß werden lassen. Auf einer großen Platte mit hohem Rand kegelförmig aufhäufen. Mit einem Löffel eine Mulde in die Mitte eindrücken **(Step 2)**. Das Gemüse am Außenrand aufschichten und die Spießchen in die Mulde legen **(Step 3)**. Das Zwiebelgrün in feine Ringe schneiden und darüber streuen. Mit Gemüsebrühe und Harissa (s. S. 4) servieren.

pikant **Hähnchen-Couscous mit Kürbis**

Für 4 Personen:
***100 g Kichererbsen / Salz***
***1,3 l Gemüsebrühe (Instant)***
***2 Zwiebeln***
***2 Knoblauchzehen***
***100 g milde rote Peperoni***
***je 500 g Kürbis und Süßkartoffeln***
***4 Hähnchenkeulen***
***2 EL Olivenöl***
***1 EL Tomatenmark***
***1 Prise Cayennepfeffer***
***300 g Couscous***
***Pfeffer***
***1 Bund Koriandergrün***
***1 EL Butter***

Zubereitungszeit: ca. 1 Std.
Einweichzeit: 12 Std.
Pro Portion: ca. 840 kcal

**1** Die Kichererbsen mindestens 12 Std. (am besten über Nacht) in 300 ml Gemüsebrühe einweichen. Am nächsten Tag aufkochen, salzen und ca. 20 Min. zugedeckt leise kochen lassen. Dann beiseite stellen.

**2** Die Zwiebeln und den Knoblauch schälen. Die Zwiebel fein würfeln, den Knoblauch durchpressen. Die Peperoni waschen, halbieren, entkernen und in Streifen schneiden. Den Kürbis und die Süßkartoffeln waschen, schälen und in ca. 2 cm dicke Würfel schneiden.

**3** Hähnchenkeulen kalt abspülen, mit Küchenpapier abtrocknen und im Gelenk halbieren. In einer Pfanne 1 EL Olivenöl erhitzen und die Hähnchenteile darin bei mittlerer Hitze in ca. 4 Min. unter Wenden goldgelb braten. Zwiebeln, Knoblauch und Peperoni untermischen und ca. 2 Min. glasig anbraten. Tomatenmark und Cayennepfeffer unterrühren und alles noch ca. 2 Min. braten. Die Kichererbsen dazugeben und die übrige Gemüsebrühe angießen. Alles zum Kochen bringen und ca. 10 Min. zugedeckt leise kochen lassen.

**4** Inzwischen in einem Topf 400 ml Salzwasser aufkochen, den Couscous einrühren. Das restliche Öl untermischen und den Topf vom Herd nehmen. Den Couscous zugedeckt ca. 5 Min. quellen lassen.

**5** Die Süßkartoffeln zum Gemüse und zum Hähnchen geben und ca. 5 Min. mitgaren. Die Kürbiswürfel untermischen und alles weitere 5 Min. garen. Mit Salz und Pfeffer abschmecken. Das Koriandergrün waschen und trockenschütteln, die Blättchen fein schneiden.

**6** Den Couscous mit einer Gabel auflockern. Die Butter untermischen und den Couscous unter Rühren mit dem Kochlöffel bei schwacher Hitze heiß werden lassen.

**7** Den Couscous auf ein Tebsil (s. S. 12) oder in eine breite Schüssel geben. Nochmals auflockern und ringförmig anrichten. Das Gemüse an den Rand des Couscous schichten, die Hähnchenstücke in die Mitte geben. So viel Brühe zugeben, dass der Couscous gut feucht ist. Mit dem Koriandergrün bestreuen. Die restliche Brühe separat dazu reichen.

## Clever genießen

Servieren Sie bei einem Couscous-Essen für Gäste wie in Marokko diese **scharfe Sauce** dazu, mit der jeder sein Essen individuell nachwürzen kann: 2 TL Harissa (s. S. 4) mit 2 TL Tomatenmark und 10 EL Brühe vermischen und in ein kleines Schüsselchen füllen.
Einen **milden** und lieblichen Wohlgeschmack bekommt das Gericht, wenn Sie mit dem Kürbis 2–4 EL eingeweichte Rosinen mitgaren und zusätzlich mit 1/2 TL Zimtpulver würzen.

## gästetauglich **Reis mit Hähnchen-Beriany**

Für 4 Personen:
***150 g Basmati-Reis / Salz***
***3 EL Erdnussöl***
***80 g Mandelstifte***
***80 g Suppennudeln (ersatzweise in Stücke gebrochene Spaghetti)***
***50 g Rosinen***
***300 g Kartoffeln***
***400 g Möhren***
***2 Zwiebeln***
***200 g Champignons***
***4 Hähnchenbrustfilets (je ca. 150–200 g)***
***ca. 2 EL Baharat (fertig aus dem Orientshop oder selbst gemacht, Rezept s. S. 8)***
***Pfeffer***
***200 ml Gemüsebrühe (Instant)***
***1/2 Bund Koriandergrün***

Zubereitungszeit: ca. 50 Min.
Pro Portion: ca. 665 kcal

**1** Den Reis in einem Sieb kalt abspülen, bis das ablaufende Wasser klar bleibt. Mit 400 ml Wasser und etwas Salz in einen Topf geben und zugedeckt einmal aufkochen lassen. Den Herd abschalten und den Reis zugedeckt in ca. 20 Min. ausquellen lassen.

**2** Inzwischen 1 EL Öl in einem Topf erhitzen. Die Mandeln und die Nudeln darin bei mittlerer Hitze ca. 1 Min. anrösten. Mit Wasser bedecken, salzen und aufkochen lassen. Die Rosinen waschen und unterrühren, zugedeckt bei schwacher Hitze ca. 10 Min. garen, gelegentlich umrühren. Die Flüssigkeit abgießen, die Nudelmischung warm stellen.

**3** Inzwischen die Kartoffeln und die Möhren waschen und schälen. Die Kartoffeln in ca. 1 cm große Würfel schneiden, die Möhren in 1/2 cm dicke Scheiben schneiden. Die Zwiebeln schälen und sehr fein würfeln. Die Champignons trocken abreiben (nicht waschen!) und je nach Größe vierteln oder halbieren.

**4** Den Backofen auf 190° (Umluft 170°) vorheizen. Die Hähnchenbrustfilets kalt abspülen und trockentupfen. Mit 1/2 EL Baharat, Salz und Pfeffer würzen. 1 EL Öl in einer Pfanne erhitzen und die Hähnchenbrustfilets darin bei mittlerer Hitze pro Seite ca. 2 Min. anbraten. In eine feuerfeste Form legen und im Backofen (Mitte) ca. 15 Min. garen.

**5** Das restliche Öl in der Pfanne erhitzen und die Kartoffeln darin bei mittlerer Hitze 3–4 Min. anbraten. Die Gemüsebrühe angießen, aufkochen lassen und ca. 7 Min. garen. Die Möhren dazugeben und ca. 3 Min. mitschmoren. Champignons und Zwiebeln dazugeben, mit 1/2 EL Baharat, Salz und Pfeffer würzen und alles in 3 Min. fertig garen.

**6** Die Nudeln mit dem restlichen Baharat, Salz und Pfeffer würzen. Den Reis unterheben. Das Koriandergrün waschen und trockenschütteln, die Blättchen abzupfen und fein hacken.

**7** Die Reismischung nach Beduinenart auf ein Tebsil (s. S. 12) oder eine große Platte stürzen und ausbreiten. Die Kartoffel-Gemüse-Mischung darauf verteilen. Die Hähnchenbrustfilets in mundgerechte Stücke oder Scheiben schneiden und auf dem Reis verteilen. Mit dem Koriandergrün bestreuen. Dazu passen gemischter Blattsalat und ein Joghurt-Dip (s. S. 17).

### Tauschbörse

Statt Baharat können Sie auch eine **mildere Würzung** wählen: Versuchen Sie doch mal je 1 TL Zimtpulver, Currypulver und gemahlenen Kreuzkümmel – auch sehr fein!

## schnell was Feines Couscous mit Fischfilet

*(im Bild hinten)*

Für 4 Personen:

***4 Rotbarschfilets (à 150 g)***
***Saft von 1 Zitrone / Salz / Pfeffer***
***4 Tomaten / 2 Zwiebeln / 1 Knoblauchzehe***
***1/2 l Gemüsebrühe (Instant)***
***300 g Couscous***
***2 EL Olivenöl***
***1 Prise gemahlener Safran***
***1 EL Butter***
***1 EL Petersilienblätter***

Zubereitungszeit: ca. 30 Min.
Pro Portion: ca. 495 kcal

1 Den Fisch kalt abspülen und trockentupfen. Mit Zitronensaft, Salz und Pfeffer würzen, zugedeckt im Kühlschrank marinieren. Tomaten waschen und vierteln. Zwiebeln schälen und in ca. 1/2 cm dicke Scheiben schneiden. Knoblauch schälen und in dünne Scheiben schneiden.

2 Die Brühe salzen und aufkochen. Den Couscous mit 400 ml davon und 1 EL Öl vermischen und zugedeckt quellen lassen.

3 Das restliche Öl in einer Pfanne erhitzen. Zwiebeln, Knoblauch und Safran ca. 2 Min. darin braten, herausnehmen. Fischfilets mit der Hautseite nach oben in die heiße Pfanne legen und bei mittlerer Hitze ca. 4 Min. braten. Die Zwiebelmischung zurück in die Pfanne geben. Den Fisch wenden. Die Tomaten dazugeben, vom Herd nehmen und alles zugedeckt ca. 8 Min. ziehen lassen.

3 Den Couscous auflockern, die Butter untermischen und bei schwacher Hitze unter Rühren heiß werden lassen. Auf einer Platte aufhäufen, mit dem Fisch belegen und mit der Petersilie bestreuen. Mit der restlichen Brühe servieren.

## schön scharf Couscous mit Garnelen und Tintenfisch

*(im Bild vorne)*

Für 4 Personen:

***1 Bund Koriandergrün / 1/2 Bund Dill / 1 Limette***
***400 g küchenfertige geschälte Garnelen***
***200 g küchenfertige Tintenfischringe***
***Salz / Pfeffer / 3 EL Olivenöl***
***je 2 Zwiebeln und Knoblauchzehen***
***je 2 Zucchini und Paprikaschoten***
***600 ml Gemüsebrühe (Instant)***
***300 g Couscous***
***1–2 TL Harissa (s. S. 4) / 1 EL Butter***

Zubereitungszeit: ca. 30 Min.
Pro Portion: ca. 480 kcal

1 Das Koriandergrün und den Dill waschen und trockenschütteln, die Blättchen klein schneiden. Die Limette auspressen. Die Garnelen und den Tintenfisch kalt abspülen, trockentupfen, salzen und pfeffern. Garnelen mit dem Limettensaft, Koriandergrün, 1 EL Öl, Salz und Pfeffer, Tintenfisch mit Dill, Salz und Pfeffer mischen. Beides zugedeckt im Kühlschrank marinieren.

2 Die Zwiebeln und den Knoblauch schälen und klein schneiden. Das Gemüse waschen und putzen, Zucchini in kleine Ecken, die Paprikaschoten in kleine Rauten schneiden. Die Brühe aufkochen. Den Couscous mit 400 ml Brühe und 1 EL Öl vermischen und quellen lassen. Zwiebel und Paprika in einem Topf in dem restlichen Öl ca. 3 Min. anbraten. Zucchini und Harissa 3 Min. mitbraten, mit 100 ml Brühe ablöschen, alles ca. 3 Min. leise kochen lassen.

3 Die Garnelen in einer Pfanne 3 Min. anbraten, Tintenfisch dazugeben und 3 Min. mitbraten. Den Couscous mit der Butter vermischen, unter Rühren erhitzen. Kegelförmig auf einer Platte anrichten, Gemüse und Fisch mischen und rundherum verteilen. Restliche Brühe dazu reichen.

## preiswert, aber oho Couscous mit Petersilienwurzel

Für 4 Personen:
***600 g Petersilienwurzeln | 600 g Kürbis***
***je 2 Zwiebeln und Knoblauchzehen***
***1 Frühlingszwiebel | 1 Stiel frische Minze***
***650 ml Gemüsebrühe (Instant)***
***300 g Couscous | 2 EL Erdnussöl***
***1 Prise gemahlener Safran***
***2 TL Tamarinde (s. S. 4)***
***Salz | Pfeffer | 1 EL Butter***

Zubereitungszeit: ca. 30 Min.
Pro Portion: ca. 400 kcal

**1** Das Gemüse waschen, putzen und schälen. Die Petersilienwurzeln vierteln und in 1/2 cm dicke Scheiben, den Kürbis in 1 cm große Würfel und die Zwiebeln in feine Streifen schneiden. Den Knoblauch schälen und durchpressen. Den weißen Teil der Frühlingszwiebel in feine Ringe, das Grün in dünne Streifen schneiden. Die Minze waschen und die Blätter abzupfen.

**2** Die Brühe aufkochen. Den Couscous mit 400 ml Brühe und 1 EL Öl vermischen und zugedeckt neben dem Herd quellen lassen.

**3** In einem Topf das restliche Erdnussöl erhitzen. Darin Zwiebeln, Safran und Petersilienwurzeln 3 Min. anbraten. Restliche Brühe angießen, ca. 4 Min. leise kochen lassen. Kürbis und Knoblauch dazugeben, 5 Min. garen. Tamarinde, weiße Frühlingszwiebel, Salz und Pfeffer zufügen.

**4** Den Couscous auflockern, die Butter untermischen und erwärmen. Auf einer Platte aufhäufen, das Gemüse darum herum anrichten. Mit Frühlingszwiebelgrün und Minzeblättern bestreuen. Die restliche Brühe separat reichen.

## einfach **Couscous mit Auberginen**

Für 4 Personen:
***2 Auberginen (ca. 500 g)***
***2 Fenchelknollen***
***4 Tomaten | 2 Zwiebeln***
***2 Knoblauchzehen | 3 EL Olivenöl***
***800 ml Gemüsebrühe (Instant)***
***300 g Couscous***
***je 1 TL Koriander- und Kreuzkümmelsamen***
***1/2 TL Kurkuma***
***2 TL Tahina (Sesampaste, s. S. 4)***
***Cayennepfeffer | Salz | Pfeffer***
***1 EL Butter***
***1 TL Dillspitzen***

Zubereitungszeit: ca. 45 Min.
Pro Portion: ca. 450 kcal

**1** Gemüse waschen und putzen. Auberginen längs sechsteln und in 1 cm dicke Scheiben, den Fenchel vierteln und in dünne Streifen, die Tomaten in grobe Stücke schneiden. Die Zwiebeln schälen, in dünne Streifen schneiden. Den Knoblauch schälen und durchpressen.

**2** Eine Grillpfanne mit 1 EL Öl einpinseln, erhitzen und die Auberginen darauf je Seite ca. 5 Min. grillen. Die Brühe aufkochen. Couscous mit 400 ml Brühe und 1 EL Öl verrühren, neben dem Herd zugedeckt ca. 5 Min. quellen lassen.

**3** Restliches Öl in einem Topf erhitzen. Zwiebeln und Fenchel darin 5 Min. glasig braten. Koriander und Kreuzkümmel im Mörser zerstoßen. Mit Knoblauch, Kurkuma, Tahina und Cayennepfeffer zugeben und kurz mitrösten. 200 ml Brühe angießen, 5 Min. garen. Tomaten und Auberginen dazugeben, aufkochen, salzen und pfeffern.

**4** Couscous auflockern, Butter untermischen, unter Rühren erwärmen. Auf einer Platte aufhäufen, Gemüse darum herum anrichten. Mit Dill garnieren. Restliche Brühe dazu reichen.

# Gemüse satt

# Gemüse – der Reichtum der Orientküche

***Die leuchtenden Farben der frischen Gemüse tragen viel zum Zauber der orientalischen Basare bei. Und auch bei uns lohnt sich schon allein wegen der Vielfalt der angebotenen Sorten ein Gang in den türkischen oder arabischen Laden. Etwa bei Paprika zwischen großen und kleinen, spitzen und langen, milden und scharfen Sorten in Rot, Grün und Gelb zu wählen, macht einfach Spaß.***

### *Clever einkaufen à la Saison*

Mit Gemüse geht die Orientküche verschwenderisch um: Aber, reif und erntefrisch muss es sein! Nur dann sind Geschmack und Aroma voll ausgebildet, ganz abgesehen von den Vitaminen und Pflanzenstoffen, die unser Immunsystem positiv beeinflussen. **Sonnengereiftes Gemüse** erkennen Sie bereits am Aussehen: Die Färbung ist oft ungleichmäßig. Tomaten, die am Strauch reif und rot geworden sind, behalten z. B. da gelbliche Verfärbungen, wo Blätter das Sonnenlicht abgehalten haben. Frisches, reifes Gemüse fühlt sich fest an, die Schale ist glatt und glänzend, die Blätter sind knackig und die Farbe ist kräftig. Schauen Sie genau hin: Mit etwas Geschick finden Sie gute Produkte auf dem Markt, im Bio- oder Gemüseladen, aber auch im Supermarkt.

### *Gemüse – orientalisch zubereiten*

Die orientalische Küche kennt unzählige Rezepte für Gemüse. Schließlich kommt es ja morgens, mittags, abends und zu den kleinen Mahlzeiten zwischendurch in immer neuen köstlichen Kreationen auf den Tisch – als Vorspeise, Hauptgericht, Beilage oder mit Fladenbrot oder Bulgur als einfaches Alltagsgericht. Das Gemüse wird mit Vorliebe in Stücke oder Scheiben geschnitten und mit Zwiebeln und Knoblauch gedünstet oder in Öl kross gebraten. Gern wird es auch auf dem Holzkohlengrill gegrillt oder im Backofen knusprig gebacken. Ob roh oder gegart, heiß oder kalt, mit Frühlingszwiebeln, Oliven, Joghurt oder Schafkäse verfeinert – immer wird es üppig mit Kräutern und Gewürzen bedacht, um ihm einen kräftigen Wohlgeschmack zu verleihen.

### *Tajine – Köstliches aus einem Topf*

Eine typisch orientalische Art der Zubereitung ist das Garen in der Tajine. In dem glasierten Tontopf mit trichterförmigem Deckel werden Gemüse, Fleisch oder Fisch und alle Aromen und Gewürze zusammen schonend im Dampf gegart und entwickeln darin einen unvergleichlichen Geschmack. Wenn Sie (noch) keine besitzen, verwenden Sie für die Tajine-Gerichte einen weiten Schmortopf oder Bräter aus Metall. Doch wenn Sie künftig original orientalisch kochen möchten, dann sollten Sie sich eine zulegen. Bezugsadressen finden Sie auf S. 128.

### *Clever mit der Tajine umgehen*

Sie können die Tajine auf dem Herd, im Backofen und auf speziellen Holzkohleöfchen verwenden (s. S. 12). **Vor dem ersten Gebrauch** sollten Sie Ihre Tajine – Topf und Deckel – zuerst 3 Std. wässern, dann abtrocknen und mit neutralem Öl einreiben. Geben Sie dann 1 Tasse Wasser und 1 EL Öl in den Topf, verschließen die Tajine mit dem Deckel und schieben sie in den kalten Backofen (Mitte). Heizen Sie nun den Backofen auf 200° auf und lassen Wasser und Öl ca. 20 Min. einkochen. Herausnehmen, auskühlen lassen und auswischen. Nun ist Ihre Tajine einsatzbereit!

Mit der Zeit wird die Tajine immer robuster. Anfangs allerdings sollten Sie sie vor jedem Gebrauch ca. 30 Min. **wässern.** Das entfällt im Laufe der Zeit. Wenn der Topf eine Patina gebildet hat, genügt es, ihn mit Öl einzureiben, bevor Sie die Zutaten einschichten. Weitere Tipps zum Umgang mit der Tajine finden Sie auf S. 73.

## Klassiker Rote-Linsen-Suppe

*(im Bild hinten)*

Für 4 Personen:
***2 Zwiebeln | 1 Möhre***
***2 Kartoffeln***
***3 EL Olivenöl***
***250 g rote Linsen***
***1 l Gemüsebrühe (Instant)***
***Salz | Pfeffer***
***1/2 l Hühnerbrühe (Instant, s. Tipp)***
***1/2 Bund glatte Petersilie***
***1/2 TL gemahlener Kreuzkümmel***
***1/4 TL Zimtpulver***
***1 Prise Cayennepfeffer***
***1 EL Zitronensaft***

Zubereitungszeit: ca. 40 Min.
Pro Portion: ca. 345 kcal

**1** Die Zwiebeln schälen und in kleine Würfel schneiden. Die Möhre und die Kartoffeln waschen, schälen und würfeln. 1 EL Öl in einem Topf erhitzen. Die Hälfte der Zwiebeln mit den Möhren- und Kartoffelwürfeln darin anbraten. Die roten Linsen zugeben und die Gemüsebrühe angießen. Einmal aufkochen und zugedeckt ca. 20 Min. kochen lassen. Mit Salz und Pfeffer würzen und mit der Hühnerbrühe auffüllen.

**2** Die Petersilie waschen und trockenschütteln, die Blättchen klein schneiden. Das restliche Öl in einer Pfanne erhitzen. Die übrigen Zwiebeln darin goldbraun braten. Kreuzkümmel, Zimt und Cayennepfeffer mit anbraten, bis die Gewürze anfangen zu duften. Petersilie dazugeben, kurz mitbraten und alles in die Suppe rühren. Mit Zitronensaft, Salz und Pfeffer abschmecken.

### Clever einkaufen

Achten Sie bei **Instant-Brühen** auf Qualität! Viele davon enthalten jede Menge Geschmacksverstärker, die unangenehm schmecken und die außerdem nicht jeder verträgt.

## schneller Teller Grüne Suppe

*(im Bild vorne)*

Für 4 Personen:
***1 Zwiebel***
***100 g Kartoffeln***
***1 Stange Staudensellerie***
***1 grüne Paprikaschote***
***1 Knoblauchzehe***
***1 EL Olivenöl***
***1/2 l Gemüsebrühe (Instant)***
***1 EL Zitronensaft***
***Salz | Pfeffer***
***30 g Reis***
***100 g Lauch***

Zubereitungszeit: ca. 30 Min.
Pro Portion: ca. 105 kcal

**1** Die Zwiebel schälen und klein würfeln. Die Kartoffeln waschen, schälen und in ca. 1/2 cm große Würfel schneiden. Den Sellerie waschen und in Scheiben schneiden. Die Paprikaschote waschen, putzen und klein würfeln. Den Knoblauch schälen und fein hacken.

**2** Das Öl in einem Topf erhitzen und die Zwiebel darin bei mittlerer Hitze glasig anbraten. Kartoffeln untermischen und 1 Min. mitbraten. Sellerie und Paprika unterrühren, 1 Min. mitbraten. Knoblauch untermischen und alles 1 weitere Min. braten. Die Brühe angießen, einmal aufkochen lassen. Mit Zitronensaft, Salz und Pfeffer würzen und den Reis einstreuen. Zugedeckt bei schwacher Hitze ca. 10 Min. garen.

**3** Inzwischen den Lauch längs aufschneiden, waschen und in dünne Halbringe schneiden. Zur Suppe geben und in 10 Min. fertig garen.

### Luxusvariante mit Artischocke

Eine aparte Note bekommt die Suppe, wenn Sie 2 **Artischockenherzen** (aus der Dose) vierteln und mit dem Lauch untermischen.

1

2

3

## Überraschungspäckchen **Gefüllter Mangold**

*(im Bild hinten)*

Für 4 Personen:
***100 g Basmati-Reis | Salz | 4 EL Olivenöl***
***8 große Mangoldblätter | 200 g Staudensellerie***
***je 100 g Lauch und Süßkartoffeln***
***200 g Möhren | 2 Zwiebeln | 2 Knoblauchzehen***
***1/2 TL Koriandersamen | 1/2 TL gemahlener Kreuzkümmel | 1 Prise Chilipulver***
***1 TL getrocknete Minze (s. S. 6)***
***Pfeffer | Öl für das Blech***

Zubereitungszeit: ca. 1 Std.
Pro Portion: ca. 210 kcal

**1** Den Reis waschen und von warmem Wasser bedeckt ca. 10 Min. quellen lassen, abgießen. 250 ml Salzwasser aufkochen. In einem Topf 1 EL Öl erhitzen, den Reis darin anrösten. Mit dem heißen Salzwasser ablöschen, zugedeckt bei schwacher Hitze ca. 10 Min. garen.

**2** Mangold putzen, die Rippen flach schneiden. Die Blätter mit warmem Wasser waschen und auf Küchentüchern ausbreiten **(Step 1)**. Sellerie und Lauch waschen und putzen. Süßkartoffeln und Möhren waschen und schälen. Zwiebel und Knoblauch schälen. Alles fein schneiden.

**3** Backofen auf 180° (Umluft 160°) vorheizen. 2 EL Öl in einer Pfanne erhitzen. Zwiebeln und Knoblauch darin glasig braten. Das Gemüse hinzugeben, 5 Min. mitbraten. Reis abgießen und in einer Schüssel mit dem Gemüse mischen. Den Koriander im Mörser zerstoßen, mit den übrigen Gewürzen untermischen, salzen und pfeffern.

**4** Mangoldblätter salzen und pfeffern, jeweils 1/8 der Füllung in die Mitte geben. Die Blattränder von unten und oben und von links und rechts darüber klappen und flach drücken **(Step 2)**. Die Päckchen mit der Nahtseite nach unten auf ein geöltes Blech oder ein Tebsil (s. S. 12) legen. Mit restlichem Öl beträufeln **(Step 3)** und 1/4 l Wasser begießen. Im heißen Ofen (Mitte) ca. 15 Min. garen. Mit Linsen-Tajine (s. S. 75) servieren.

## aus dem Libanon **Mangold mit Linsen und Zitrone**

*(im Bild vorne)*

Für 4 Personen:
***200 g Linsen (Sorte nach Belieben) | Salz***
***500 g Mangold | je 2 Zwiebeln und Knoblauchzehen | 500 g Möhren | 800 g Kartoffeln***
***2 EL Olivenöl | 1 TL Koriandersamen***
***1/2 TL Kreuzkümmelsamen***
***2 Prisen gemahlener Piment***
***Saft von 1 Zitrone | 1 EL Mehl***

Zubereitungszeit: ca. 45 Min.
Pro Portion: ca. 365 kcal

**1** Die Linsen in 1 l Salzwasser aufkochen lassen und zugedeckt bei schwacher Hitze ca. 20 Min. garen. Den Mangold waschen und putzen. Die Stiele herausschneiden und würfeln, die Blätter in ca. 2 cm breite Streifen schneiden. Zwiebeln und Knoblauch schälen und klein würfeln. Die Möhren waschen, schälen, längs vierteln und in 1/2 cm dicke Scheiben schneiden. Kartoffeln schälen und in 1 cm große Würfel schneiden.

**2** Das Öl in einem Topf erhitzen. Zwiebeln und Knoblauch darin bei mittlerer Hitze glasig braten. Die Linsen abgießen und mit den Kartoffeln und ca. 1/8 l Wasser unterrühren. Salzen, einmal aufkochen und zugedeckt bei schwacher Hitze ca. 10 Min. kochen lassen.

**3** Koriander und Kreuzkümmel im Mörser zerstoßen. Mit Piment, Möhren und Mangold dazugeben, weitere 5 Min. zugedeckt kochen lassen. Zitronensaft und Mehl vermischen, unter das Gemüse rühren und in 10 Min. fertig garen.

## ganz einfach gut Kürbis mit Okras

Für 4 Personen:
***600 g Kürbis***
***je 2 Zwiebeln und Knoblauchzehen***
***400 g Süßkartoffeln***
***400 g frische Okraschoten (ersatzweise aus der Dose)***
***1 EL Olivenöl | 120 g Pinienkerne***
***100 g Korinthen | Salz***
***2 TL Baharat (fertig aus dem Orientshop oder selbst gemacht, Rezept s. S. 8)***
***2 EL gehackte Petersilie***

Zubereitungszeit: ca. 40 Min.
Pro Portion: ca. 440 kcal

**1** Den Kürbis schälen, entkernen und in 2 cm große Würfel schneiden. Zwiebeln und Knoblauch schälen und fein hacken. Süßkartoffeln waschen, schälen und 1 cm groß würfeln.

**2** Die Okras waschen, die Stielansätze kegelförmig abschneiden, ohne sie zu verletzen. Vorsichtig den äußeren Flaum abschaben (Okras aus der Dose abtropfen lassen).

**3** Das Öl in einem Topf erhitzen. Zwiebeln, Knoblauch und Pinienkerne darin glasig anbraten. Die Süßkartoffeln, Korinthen und ca. 1/8 l Wasser dazugeben. Salzen und zugedeckt ca. 5 Min. bei schwacher Hitze kochen lassen. Die Okras und den Baharat unterrühren, 10 Min. zugedeckt kochen lassen. Die Petersilie unterheben, mit Salz abschmecken. Tomaten-Reis-Pilaw (s. S. 49) und Lammspießchen (s. S. 53) dazu reichen.

### Clever zubereiten

**Okras** enthalten eine dickliche Flüssigkeit, die beim Kochen möglichst nicht austreten sollte. Daher die Stielansätze vorsichtig abschneiden.

aus Libyen

# Okras mit Granatapfel

Für 4 Personen:

***750 g frische Okraschoten (ersatzweise aus der Dose)***
***1 Granatapfel***
***2 Zwiebeln / 1 Knoblauchzehe***
***1 Bund Frühlingszwiebeln***
***2 grüne Paprikaschoten***
***500 g Tomaten / 2 EL Olivenöl***
***50 ml Gemüsebrühe (Instant)***
***50 ml sauer eingekochter Granatapfelsaft (s. S. 4)***
***Salz / Pfeffer / 2 Stiele Koriandergrün***

Zubereitungszeit: ca. 45 Min.
Pro Portion: ca. 130 kcal

**1** Die Okras waschen und die Stielansätze kegelförmig abschneiden, ohne sie zu verletzen. Vorsichtig den äußeren Flaum abschaben (Okras aus der Dose abtropfen lassen). Den Granatapfel halbieren. Kerne herauslösen und den Saft auffangen, weiße Trennwände entfernen.

**2** Zwiebeln und Knoblauch schälen und fein würfeln. Die Frühlingszwiebeln waschen und putzen. Weiße und grüne Teile getrennt in feine Ringe schneiden. Die Paprikaschoten waschen, putzen, vierteln und in Rauten schneiden. Die Tomaten waschen und ohne Stielansätze in ca. 1 cm große Würfel schneiden.

**3** Das Öl in einem Topf erhitzen. Zwiebeln und weiße Frühlingszwiebelringe darin bei mittlerer Hitze glasig braten. Frische Okras dazugeben und vorsichtig ca. 5 Min. anrösten (Okras aus der Dose nur zum Schluss ca. 5 Min. mitgaren).

**4** Paprika, Tomaten, Granatapfelkerne samt Saft, Brühe und eingekochten Granatapfelsaft untermischen. Aufkochen lassen, mit Salz und Pfeffer abschmecken. Zugedeckt bei schwacher Hitze ca. 7 Min. schmoren lassen. Korianderblättchen abzupfen, mit dem Frühlingszwiebelgrün darauf streuen. Dazu passen Reis und Fleischspießchen (s. S. 42).

## Import aus Marokko Süßkartoffeln mit Möhren

*(im Bild hinten)*

Für 4 Personen:
***1 Süßkartoffel (ca. 300 g) / 2 Zwiebeln***
***2 Knoblauchzehen / 300 g Möhren***
***1 Fenchelknolle (ca. 200 g) / 4 Tomaten***
***2 EL Olivenöl / 100 g Tomatenpüree (Tetrapak)***
***Salz / Pfeffer / 1/4 TL Kardamomkapseln***
***1/2 TL Koriandersamen***
***1 Stück frischer Ingwer (ca. 1 cm)***
***1/2 TL Baharat (fertig aus dem Orientshop oder selbst gemacht, Rezept s. S. 8)***
***1/8 l Gemüsebrühe (Instant)***

Zubereitungszeit: ca. 45 Min.
Pro Portion: ca. 160 kcal

**1** Süßkartoffel waschen, schälen, in fingerdicke, ca. 3 cm lange Stücke schneiden. Zwiebeln schälen, halbieren, in ca. 1/2 cm dicke Streifen schneiden. Knoblauch schälen und klein würfeln. Möhren waschen, schälen, in 1/2 cm dicke Scheiben schneiden. Fenchel waschen, vierteln und ohne Strunk quer in Streifen schneiden. Tomaten waschen und in ca. 1 cm dicke Scheiben schneiden.

**2** Das Öl in einem Topf erhitzen. Fenchel und die Möhren darin ca. 5 Min. bei mittlerer Hitze anbraten. Zwiebeln und Knoblauch dazugeben und ca. 3 Min. mitbraten. Das Tomatenpüree untermischen, salzen und pfeffern. Kardamom und Koriander im Mörser zerstoßen, Ingwer schälen und reiben. Alles mit dem Baharat unterrühren.

**3** Süßkartoffeln und Tomaten hinzufügen. Brühe angießen, aufkochen und zugedeckt ca. 10 Min. leise kochen lassen. Salzen und pfeffern. Mit Couscous und zusätzlicher Brühe servieren.

### Tauschbörse

Statt Süßkartoffeln schmecken auch **Kartoffeln** oder halb Kartoffeln und halb Steckrüben.

## verschärft Artischocken mit Harissa

*(im Bild vorne)*

Für 4 Personen:
***1 Zwiebel / 2 Knoblauchzehen***
***150 g sonnengetrocknete Tomaten***
***2 Bund Frühlingszwiebeln***
***2 rote Paprikaschoten***
***500 g frischer Spinat (ersatzweise TK-Blattspinat)***
***6 Artischocken / 2 EL Olivenöl***
***80 g Mandelstifte / 2 TL Harissa (s. S. 4)***
***1 TL edelsüßes Paprikapulver***
***Salz / Pfeffer***

Zubereitungszeit: ca. 1 Std.
Pro Portion: ca. 335 kcal

**1** Zwiebeln und Knoblauch schälen und klein würfeln. Tomaten in feine Streifen schneiden. Frühlingszwiebeln waschen und putzen, weiße Teile in Ringe, grüne Teile in Streifen schneiden. Paprikaschoten waschen, putzen und in ca. 2 cm große Stücke schneiden.

**2** Den Spinat waschen, putzen und in kochendem Salzwasser blanchieren, abgießen und kalt abschrecken (TK-Spinat auftauen lassen). Den Spinat auspressen und grob schneiden. Die Artischocken waschen, den Strunk entfernen. Blätter abschneiden, den Boden schälen, das »Heu« herauslösen. Die Böden halbieren.

**3** Das Öl in einem Topf erhitzen. Artischockenhälften, Zwiebeln und Knoblauch darin bei mittlerer Hitze 3 Min. anbraten. Paprikaschoten, Mandeln, Tomaten und weiße Frühlingszwiebelringe hinzugeben, aufkochen und zugedeckt ca. 10 Min. kochen lassen. Spinat, Harissa, Paprikapulver, Salz und Pfeffer untermischen und weitere 10 Min. kochen lassen. Mit Frühlingszwiebelgrün garnieren. Dazu schmecken Reis-Pilaw (s. S. 48 und 49) und Salat.

# Gemüse satt *aus der Tajine*

1

2

3

## mit fruchtiger Süße **Auberginen-Tajine**

Für 4 Personen:
***2 Zwiebeln | 1 Knoblauchzehe***
***100 g weiche getrocknete Datteln***
***300 g Tomaten | 2 Auberginen***
***1 rote Paprikaschote***
***1 EL Olivenöl | 1 EL Tomatenmark***
***3 EL Pinienkerne | Salz | Pfeffer***
***1/2 TL Zimtpulver | 1 EL Zitronensaft***
***2 TL Honig | 2 Stiele frische Minze***

Zubereitungszeit: ca. 45 Min.
Pro Portion: ca. 165 kcal

**1** Die Zwiebeln schälen und in Streifen schneiden. Den Knoblauch schälen und klein würfeln. Die Datteln halbieren, entsteinen und vierteln. Die Tomaten und Auberginen waschen, die Stielansätze entfernen. Die Paprikaschote waschen, putzen und entkernen. Alles in ca. 2 cm große Stücke schneiden.

**2** Das Öl in einer Tajine (s. auch S. 12 und 63) oder einem weiten Schmortopf erhitzen und die Zwiebeln darin bei mittlerer Hitze glasig braten. Die Hälfte der Tomaten dazugeben und mitbraten **(Step 1)**. Das Tomatenmark mit 3 EL Wasser glatt rühren und untermischen.

**3** Die restlichen Tomaten mit Knoblauch, Paprikaschoten, Datteln und Pinienkernen mischen, mit Salz, Pfeffer und Zimt würzen. Über die Tomaten-Zwiebel-Mischung in die Tajine geben. Die Auberginen mit Salz und Pfeffer würzen und obenauf schichten **(Step 2)**. Den Deckel aufsetzen und in den hohlen Knauf kaltes Wasser füllen, mit Dampfsperre verschließen **(Step 3)**. Auf dem Herd auf mittlere Hitze (siehe auch Tipp rechts) aufheizen. Sobald Dampf austritt (ca. nach 15 Min.), beginnt der Garprozess. Dann ca. 15 Min. garen. Durch die Dampfsperre wird der Topf perfekt verschlossen und der Dampf kann in der Tajine zirkulieren.

**4** Die Tajine öffnen. Das Gemüse vermischen, mit Zitronensaft und Honig abschmecken. Die Minze waschen und trockenschütteln, die Blättchen fein schneiden und darüber streuen.

### Clever garen mit der Tajine

Sie haben Ihre **Tajine neu gekauft?** Dann bereiten Sie sie wie auf S. 63 beschrieben für den ersten Einsatz vor. In der Anfangszeit sollten Sie sie zusätzlich vor jedem Gebrauch ca. 30 Min. wässern. Das ist nach längerem Gebrauch nicht mehr nötig. Es genügt dann, den Topf mit etwas Öl auszureiben und die Zutaten einzuschichten.
**Wichtig:** Saftiges gehört nach unten, alles, was länger gart, in die Mitte, die Zutaten mit der kürzesten Garzeit obenauf. Und überfüllen Sie die Tajine nicht, damit alles gleichmäßig gart!
**Richtige Flüssigkeitsmenge:** Die Tajine (man nennt nicht nur den Topf, sondern auch das darin zubereitete Gericht so) braucht Flüssigkeit, um Dampf zu entwickeln. Saftige Zutaten wie Gemüse brauchen weniger, trockene wie z. B. Hülsenfrüchte mehr. Bei Ihren ersten Versuchen sollten Sie deshalb ab und zu kontrollieren, damit nichts überkocht oder anbrennt.
**Die richtige Temperatur:** Auf dem Elektroherd erhitzen Sie die Tajine auf der Normalplatte bei mittlerer Hitze. Bei Gas und auf der Schnellkochplatte sollten Sie mit niedriger Temperatur beginnen und diese langsam steigern. Es funktioniert aber auch prima im Backofen: Stellen Sie die Tajine dazu auf die mittlere Einschubleiste in den kalten (!) Backofen und beginnen erst dann mit dem Aufheizen.
**So bleibt Ihre Tajine lange schön:** Verwenden Sie keine Reinigungsmittel, sondern säubern Sie die Tajine nach Gebrauch mit heißem Wasser, Bürste, Stahlschwamm und bei Bedarf mit etwas Zitronensaft oder Essig. Trocknen Sie sie dann sorgfältig ab, reiben sie mit neutralem Öl aus und bewahren sie an einem luftigen Ort auf.
**Bezugsquellen** finden Sie auf S. 128.

## Klassiker Linsen-Tajine mit Kefta-Gewürz

*(im Bild hinten)*

Für 4 Personen:
***300 g Linsen (Sorte nach Belieben)***
***je 2 Zwiebeln und Knoblauchzehen***
***je 4 Tomaten und Möhren***
***1 grüne Paprikaschote***
***2 EL Olivenöl***
***2 TL Kefta-Gewürz (fertig aus dem Orientshop oder selbst gemacht, Rezept s. S. 8)***
***Salz | Pfeffer | 1/8 l Fleischbrühe (Instant)***

Zubereitungszeit: ca. 2 Std.
Einweichzeit: 1 Std.
Pro Portion: ca. 310 kcal

**1** Linsen in einem Topf mit Wasser bedecken, aufkochen und ca. 15 Min. zugedeckt garen. Vom Herd ziehen und ca. 1 Std. quellen lassen.

**2** Zwiebeln und Knoblauch schälen und in feine Würfel schneiden. Tomaten waschen und ohne Stielansätze würfeln. Möhren waschen, schälen und in ca. 1/2 cm dicke Scheiben schneiden. Die Paprikaschote waschen, putzen, entkernen und in ca. 1 1/2 cm große Rauten schneiden.

**3** Das Öl in einer Tajine (s. S. 12, 63 und 73) erhitzen. Zwiebeln und Knoblauch darin bei mittlerer Hitze glasig braten. Tomaten, Möhren und Paprika mischen und mit dem Kefta-Gewürz, Salz und Pfeffer würzen. Alles unter die Zwiebeln in der Tajine mischen und 5 Min. mitbraten. Die Linsen abgießen, salzen und pfeffern und mit der Brühe in die Tajine geben. Verschließen und ca. 45 Min. garen. Mit gefülltem Mangold (s. S. 67) und gemischtem Salat servieren.

### Klassische Variante

Für die beliebte **»Arme-Leute-Tajine«** mit den Zwiebeln 4 in Stücke gesägte Lammknochen anbraten und mitgaren.

## schnell & veggie Fenchel-Tajine mit Safran

*(im Bild vorne)*

Für 4 Personen:
***3 Fenchelknollen | 2 Zwiebeln***
***1 Knoblauchzehe | 6 Tomaten | 1 EL Olivenöl***
***2 EL gehackte Petersilie***
***1 Prise Baharat (fertig aus dem Orientshop oder selbst gemacht, Rezept s. S. 8)***
***Salz | Pfeffer***
***1 Prise gemahlener Safran***
***1 EL Zitronensaft***

Zubereitungszeit: ca. 30 Min.
Pro Portion: ca. 70 kcal

**1** Fenchel waschen und ohne Grün und Strunk in Streifen schneiden. Fenchelgrün hacken und beiseite legen. Zwiebeln schälen und in Streifen schneiden, Knoblauch schälen und klein würfeln. Die Tomaten waschen und die Stielansätze entfernen. 3 Tomaten achteln, den Rest würfeln.

**2** Das Öl in einer Tajine (s. S. 12, 63 und 73) oder einem weiten Schmortopf erhitzen. Den Fenchel darin anbraten. Zwiebeln dazugeben und glasig braten. Knoblauch untermischen. Tomatenwürfel, Petersilie, etwas Fenchelgrün, Baharat, Salz, Pfeffer und Safran vermischen und in die Tajine geben. 3 EL Wasser zugießen, die Tajine verschließen und alles ca. 20 Min. garen.

**3** Die Tomatenachtel auf das Gemüse legen und mit restlichem Fenchelgrün bestreuen. Vom Herd nehmen, zugedeckt kurz ziehen lassen. Mit Salz und Zitronensaft kräftig abschmecken. Die Fenchel-Tajine passt gut zu Kartoffeln und Fisch.

### Variante mit Paprika

Je 1 rote, gelbe und grüne **Paprikaschote** in Streifen schneiden, mit den Fenchelstreifen anbraten. Statt Baharat 1/4 TL geriebenen **Ingwer** oder 1 Prise getrockneten **Thymian** verwenden.

Tortilla im oriental style

# Kartoffeltorte

Für 4 Personen:
***500 g Kartoffeln***
***je 1 Zwiebel und Knoblauchzehe***
***4 EL Olivenöl | 1 Tomate***
***3 Stiele glatte Petersilie | 4 Eier***
***Salz | Pfeffer | Öl für die Form***

Zubereitungszeit: ca. 45 Min.
Pro Portion: ca. 240 kcal

**1** Die Kartoffeln waschen, schälen und in 1 cm große Würfel schneiden. Zwiebel und Knoblauch schälen und klein würfeln. Das Öl in einer Pfanne erhitzen. Kartoffeln, Zwiebel und Knoblauch darin bei mittlerer Hitze unter gelegentlichem Wenden in ca. 20 Min. goldgelb braten.

**2** Den Backofen auf 180° (Umluft 160°) vorheizen. Die Tomate waschen und in kleine Würfel schneiden. Die Petersilie waschen und trockenschütteln, die Blättchen grob hacken. Die Eier in einer Schüssel verquirlen. Kartoffeln in ein Sieb geben und abtropfen lassen. Noch heiß mit den Tomatenwürfeln und der Petersilie unter die Eier mischen, salzen und pfeffern.

**3** Eine ofenfeste Form (oder Pfanne) mit Öl ausstreichen, die Kartoffelmasse hineinfüllen und glatt streichen. Im heißen Ofen (Mitte) in ca. 30 Min. goldbraun backen.

### Besonders clever!

*Die **Kartoffeltorte** schmeckt heiß, lauwarm und kalt. Schneiden Sie sie für eine Mezze-Tafel oder ein Picknick als Fingerfood in mundgerechte Stücke.*

## aus Syrien **Gemüse-Omelette**

Für 4 Personen:
***4 Tomaten***
***je 2 Zwiebeln und Knoblauchzehen***
***2 rote Paprikaschoten***
***2 Stiele frische Minze***
***100 g Mehl / 4 Eier***
***100 g grüne Oliven ohne Stein***
***1/2 TL Kebab-Gewürz (fertig aus dem Orient-shop oder selbst gemacht, Rezept s. S. 8)***
***Salz / Pfeffer***
***4 EL Sonnenblumenöl***

Zubereitungszeit: ca. 30 Min.
Pro Portion: ca. 290 kcal

**1** Die Tomaten waschen und ohne Stielansätze in ca. 1 cm große Würfel schneiden. Zwiebeln und Knoblauch schälen und klein würfeln. Die Paprikaschoten waschen, putzen, vierteln und quer in Streifen schneiden. Die Minze waschen und trockenschütteln, die Blätter fein hacken.

**2** Das Mehl in eine Schüssel geben und nach und nach die Eier unterrühren. Tomaten, Zwiebeln, Knoblauch, Paprika, Oliven, Minze und Kebab-Gewürz unter die Eiermasse heben und mit Salz und Pfeffer würzen. Den Backofen auf 100° vorheizen.

**3** Aus der Masse 4 Omelettes zubereiten: Jeweils 2 TL Öl in einer Pfanne erhitzen, ein Viertel der Omelettemasse hineingeben, in ca. 3 Min. bei mittlerer Hitze goldbraun backen. Jeweils mit 1 TL Öl beträufeln, mit Hilfe eines Teller wenden und auf der anderen Seite in ca. 3 Min. goldbraun fertig backen. Im heißen Ofen warm stellen, bis alle Omelettes gebacken sind.

### Tauschbörse

Statt Kebab-Gewürz können Sie auch einfach gemahlenen **Kreuzkümmel** verwenden.

## Klassiker Kosheri **Linsen mit Auberginen**

Für 4 Personen:
Für die Linsen und Kichererbsen:
***200 g braune Linsen***
***120 g Kichererbsen***
***1 Bund Frühlingszwiebeln***
***2 EL Olivenöl / Salz***
***2 EL Essig***
***2 Tomaten***
Für den Reis und die Nudeln:
***150 g Basmati-Reis***
***150 g dünne kurze Nudeln***
Für die Tomatensauce:
***je 2 Zwiebeln und Knoblauchzehen***
***2 EL Olivenöl***
***600 ml Tomatenpüree (Tetrapak)***
***je 1/2 TL gemahlener Koriander und Kreuzkümmel***
***1/2 TL Cayennepfeffer***
Für das Gemüse:
***je 2 Auberginen und grüne Paprikaschoten***
***4 Zwiebeln***
***Olivenöl zum Braten***

Zubereitungszeit: ca. 1 Std. 10 Min.
Einweichzeit: ca. 12 Std.
Pro Portion: ca. 725 kcal

**1** Die Linsen und Kichererbsen separat 12 Std. in reichlich Wasser einweichen. Dann abgießen.

**2** Die Frühlingszwiebeln putzen und waschen, den weißen Teil klein schneiden, den grünen Teil beiseite legen. Das Öl in einem Topf erhitzen. Weiße Frühlingszwiebeln darin glasig anbraten. Kichererbsen zugeben, mit Wasser bedeckt aufkochen lassen, salzen und 45 Min. zugedeckt bei schwacher Hitze garen. Linsen untermischen, aufkochen lassen und 5 Min. mitgaren. Mit dem Essig abschmecken. Die Tomaten waschen und ohne die Stielansätze würfeln. Die Hülsenfrüchte abgießen, mit den Tomaten aufkochen und warm stellen.

**3** Inzwischen den Reis waschen, mit warmem Wasser bedeckt ca. 20 Min. quellen lassen. Die Nudeln nach Packungsangabe in Salzwasser garen und abgießen. Den Reis abgießen, in 200 ml Salzwasser aufkochen, zugedeckt bei schwacher Hitze 15 Min. garen. Beides warm stellen.

**4** Für die Tomatensauce Zwiebel und Knoblauch schälen und fein schneiden. In einem Topf 2 EL Öl erhitzen. Zwiebel und Knoblauch darin bei mittlerer Hitze glasig braten. Tomatenpüree, Koriander, Kreuzkümmel und Cayennepfeffer zugeben. Die Sauce ca. 30 Min. unter Rühren sämig einkochen lassen und salzen.

**5** Die Auberginen waschen, halbieren, in ca. 1 cm dicke Scheiben schneiden, salzen und ca. 10 Min. ziehen lassen. Paprikaschoten waschen, putzen und in Streifen schneiden. Zwiebeln schälen und in Ringe schneiden. In einer Pfanne 2 EL Öl erhitzen. Zwiebeln darin Hitze goldbraun braten und warm stellen. In einer weiteren Pfanne Öl erhitzen. Paprikastreifen braten, herausnehmen, salzen und ebenfalls warm stellen. Die Auberginen abbrausen, trockentupfen und in weiterem Öl pro Seite ca. 2 Min. braten.

**6** Reis, Nudeln, Linsen und Kichererbsen auf ein Tebsil (s. S. 12) geben. Mit Zwiebeln, Auberginen und Paprikastreifen umlegen. Frühlingszwiebelgrün in Streifen schneiden und darüber streuen. Die Tomatensauce dazu reichen.

### Clever genießen

Zu Kosheri wird neben der Tomatensauce gern eine scharfe **Knoblauchsauce** serviert: 1 Zwiebel und 4 Knoblauchzehen schälen und mit 1 TL Cayennepfeffer, 2 EL Olivenöl, 5 TL Zitronensaft und 100 ml Gemüsebrühe (Instant) in einem Topf mit dem Pürierstab pürieren. Aufkochen lassen und mit Salz, Pfeffer und 1/2 TL Kreuzkümmel würzen. Gut gekühlt servieren.

## aus dem Irak **Gefüllte Weinblätter mit Bohnen**

Für 4–6 Personen:

***200 g frische oder eingelegte Weinblätter (aus dem türkischen Lebensmittelladen oder aus dem Supermarkt)***
***3 Zwiebeln***
***2 Tomaten***
***1 Bund Dill***
***1/2 l Gemüsebrühe (Instant)***
***2 EL Olivenöl***
***200 g Hackfleisch (Lamm, Rind oder gemischt)***
***300 g Milchreis***
***Salz | Pfeffer***
***2 EL Tomatenmark***
***400 g gegarte Dicke Bohnen (aus dem Glas, 425 Abtropfgewicht)***
***Saft von 2 Zitronen***

Zubereitungszeit: ca. 1 Std. 15 Min.
Bei 6 Personen pro Portion: ca. 360 kcal

**1** Von den frischen Weinblättern die Stiele abschneiden, die Blätter 5 Min. in kochendes Salzwasser legen, abgießen und abtropfen lassen. Eingelegte Weinblätter gründlich waschen, 1 Min. in kochendes Wasser geben und abtropfen lassen.

**2** Die Zwiebeln schälen und reiben oder klein schneiden und mit dem Pürierstab pürieren. Die Tomaten waschen und ohne Stielansätze in kleine Würfel schneiden. Den Dill waschen, trockenschütteln und klein schneiden. Die Brühe in einen Topf geben und erhitzen.

**3** Für die Füllung in einem Topf 1 EL Öl erhitzen. Zwiebeln darin bei mittlerer Hitze glasig anbraten. Das Hackfleisch dazugeben und 5 Min. mitbraten. Tomaten und Dill untermischen und alles ca. 10 Min. garen. Den Reis zugeben, die heiße Brühe angießen. Alles aufkochen lassen, salzen, pfeffern und zugedeckt bei schwacher Hitze ca. 10 Min. garen. Das Tomatenmark untermischen und den Topf vom Herd nehmen.

**4** Die abgetropften Weinblätter mit der glänzenden Seite nach unten auf der Arbeitsfläche ausbreiten. Auf jedes Weinblatt 1 TL Füllung geben. Die Blattränder locker (die Reisfüllung quillt noch etwas auf!) über der Füllung zusammenklappen und jedes Blatt in Richtung Blattspitze aufrollen **(Step 1)**.

**5** Die Dicken Bohnen abtropfen lassen und in einen großen Topf füllen, salzen und pfeffern. Die Weinblätter mit der Nahtseite nach unten auf die Bohnen schichten **(Step 2)** und jede Schicht salzen und pfeffern. Das restliche Öl darüber träufeln und die gefüllten Weinblätter mit einem Teller beschweren **(Step 3)**.

**6** So viel heißes Wasser angießen, dass die Weinblätter knapp bedeckt sind. Bei mittlerer Hitze aufkochen lassen, Zitronensaft zugießen und halb zugedeckt ca. 20 Min. kräftig kochen lassen. Den Teller entfernen und weitere 10 Min. zugedeckt bei schwacher Hitze garen. Bohnen und Weinblätter auf einem Tebsil oder einer großen Platte arrangieren und mit gekochten Kartoffelscheiben und Tomatenachteln garnieren. Warmes Fladenbrot dazu servieren.

### Clever variieren

Die gefüllten Weinblätter schmecken auch kalt vorzüglich. Fürs **kalte Büfett** die Röllchen so klein wie möglich herstellen (dafür die Blätter etwas zurechtstutzen). Den Topf statt mit Bohnen mit den Blattresten und großen Blättern auslegen. Haben Sie Bohnen im Garten? Für **frische Dicke Bohnen** benötigen Sie für 400 g Bohnenkerne ca. 1,6 kg Bohnen mit Hülsen. Sie können auch gefüllte Zwiebeln, saure Gurken, kleine Zucchini, Tomaten und Paprika mitgaren. Übrig gebliebene Weinblätter lassen sich übrigens prima einfrieren.

heute mal nicht griechisch

# Arabische Moussaka

Für 4 Personen:

***1 kg Auberginen / Salz***
***200 g Mandeln***
***250 g Schafkäse***
***2 Bund Frühlingszwiebeln***
***2 Zwiebeln***
***2 Knoblauchzehen***
***800 g Tomaten***
***1 Bund glatte Petersilie***
***6 Artischockenböden (aus dem Glas)***
***5 EL Olivenöl***
***2 Stiele Dill***
***Pfeffer***
***je 1 TL edelsüßes Paprikapulver und gemahlener Kreuzkümmel***
***Öl für die Form***

Zubereitungszeit: ca. 1 Std.
Backzeit: ca. 30 Min.
Pro Portion: ca. 615 kcal

**1** Die Auberginen waschen und längs in ca. 2 cm dicke Scheiben schneiden. Die Scheiben auf beiden Seiten salzen, auf einer Platte stapeln und mit einer zweiten Platte beschweren. Die Auberginen ca. 30 Min. Wasser ziehen lassen.

**2** Inzwischen die Mandeln zum Häuten kurz in einen Topf mit kochendem Wasser geben und vom Herd ziehen. In ein Sieb abgießen. Die Mandeln einzeln zwischen Daumen und Zeigefinger nehmen und aus der locker sitzenden Haut drücken. Die Mandeln halbieren und in einer Pfanne ohne Fett unter Rütteln goldbraun rösten. Vom Herd ziehen.

**3** Den Schafkäse zerbröckeln. Die Frühlingszwiebeln putzen, waschen und die weißen und grünen Teile getrennt in feine Ringe schneiden. Die Zwiebeln und den Knoblauch schälen und in sehr feine Streifen schneiden. Dill waschen, trockenschütteln und fein hacken.

**4** Die Tomaten waschen und in Scheiben schneiden, die Stielansätze dabei entfernen. Die Petersilie waschen und trockenschütteln, die Blättchen in feine Streifen schneiden. Die Artischockenböden abtropfen lassen, halbieren und in Spalten schneiden.

**5** 1 EL Olivenöl in einer Pfanne erhitzen. Die Artischocken darin bei mittlerer Hitze ca. 3 Min. anbraten. Weiße Frühlingszwiebelteile, Zwiebeln und Knoblauch dazugeben und ca. 3 Min. mit anbraten. Die Mandeln untermischen und mit Dill, Salz und Pfeffer würzen. Abkühlen lassen.

**6** Den Backofen auf 180° (Umluft 160°) vorheizen. Die Auberginen mit kaltem Wasser abspülen und trockentupfen. Das restliche Öl in einer Pfanne erhitzen und die Auberginenscheiben darin portionsweise bei mittlerer Hitze von beiden Seiten goldbraun braten. Mit Paprika, Kreuzkümmel und Pfeffer würzen.

**7** Eine feuerfeste Form einölen und den Boden mit Auberginenscheiben belegen. Darauf eine Schicht der Artischockenmischung verteilen. Tomatenscheiben und Petersilie einschichten, jede Lage salzen und pfeffern. Weiter einschichten, bis alle Zutaten aufgebraucht ist. Mit Auberginen abschließen, den Käse darüber streuen. Die Moussaka im heißen Ofen (Mitte) 30 Min. backen, bis der Käse goldgelb ist. Mit Reis-Pilaw (s. S. 48 und 49) und Salat servieren.

# Fleisch, Geflügel & Fisch

# Geschmort und gebraten auf Sultans Art

***Typisch für die Orientküche sind Ragouts, Eintöpfe und Hackfleischgerichte, die mit reichlich Gemüse zubereitet und dekorativ aufgetischt werden – etwa in der irdenen Tajine, von der schon im vorhergehenden Kapitel die Rede war, oder auf dem arabischen Backblech Tebsil. Ob Lammfleisch mit Ras-el-Hanout, Geflügel mit Orangenblütenwasser oder Fisch mit würziger Marinade – freuen Sie sich auf ungewöhnliche Genüsse.***

### *Fleisch clever einkaufen*

Am liebsten werden im Orient Lamm- und Hammelfleisch gegessen. **Lammfleisch** stammt von bis zu 1 Jahr alten Lämmern. Fleisch von guter Qualität ist ziegelrot, kurzfasrig und hat nur wenig Fett. **Hammelfleisch** von 1–2 Jahre alten Tieren hat dunkles Fleisch mit etwas gröberen Fasern, das sich aber gut für deftige Eintöpfe eignet. Das Fett sollte allerdings weiß sein. Fleisch mit gelblichem Fett stammt von älteren Tieren und hat einen starken Artgeschmack, der nicht jedermanns Sache ist.

Das **Hackfleisch** der Orientküche besteht in der Regel aus Lamm- und Hammelfleisch, aber auch Rinderfleisch. Für gemischtes Hackfleisch wird Lamm- und Rindergehacktes gemischt.

**Rindfleisch** wird sehr gern für gulaschähnliche Schmorgerichte verwendet. Lassen Sie sich die Stücke hierfür beim Metzger ruhig etwas größer zuschneiden. Die Orientküche liebt ein großzügiges, üppiges Erscheinungsbild. Gutes Rindfleisch ist fest, tief dunkelrot und darf nicht wässrig aussehen. Fleisch aus artgerechter Tierhaltung schmeckt im Allgemeinen am besten. Überprüfen Sie die Aussagekraft der Garantievermerke bei abgepackter Ware. Mit dem Bio-Siegel sind Sie immer auf der sicheren Seite.

**Geflügel,** besonders Hähnchenfleisch, rangiert in der Orientküche auf der Beliebtheitsskala direkt hinter Lammfleisch auf Platz 2. Achten Sie auch dabei auf Qualität: Frische Hähnchen aus Freilandhaltung, die gesundes Körnerfutter bekommen haben, am besten aus kontrolliert ökologischer Landwirtschaft, schmecken einfach besser. Gibt es übrigens auch tiefgekühlt.

### *Fangfrisch aus dem Meer*

Sicheres Indiz für Frische beim **Fisch:** Er riecht angenehm frisch nach Meerwasser. Im Hinblick auf die Bestandslage, die Fangmethoden und Zuchtbedingungen sind die folgenden Seefische und Meeresfrüchte empfehlenswert: Seelachs (Köhler), Hering und Makrele. Dann folgen Sardine, Nordseegarnele (Krabbe), Miesmuschel, Tintenfisch (Kalmar) und Goldbrasse (Dorade), schließlich Wolfsbarsch und Wildlachs.

### *Mit viel Aroma zubereiten*

Fett ist ein Geschmacksträger. Wenn Sie vor dem Garen alles Fett entfernen, verliert z. B. Lammfleisch viel von seinem spezifischen Geschmack, auch Hähnchenfleisch schmeckt ohne Haut und Fett manchmal ein wenig langweilig. Kein Problem, wenn zum Ausgleich reichlich Gewürze, Kräuter und aromareiche Gemüse mitgeschmort werden. All dies bietet die Orientküche ja im Überfluss. Wer aber hauptsächlich der Kalorien wegen auf das Fett verzichtet, sollte es zunächst mitgaren und einfach vor dem Servieren entfernen. Hähnchen- und Lammfleisch schmecken so ungleich aromatischer. Einzige Ausnahmen: Bei Hammelfleisch das sichtbare Fett immer vor der Zubereitung abschneiden und Hammelgerichte grundsätzlich sehr heiß servieren!

## Klassiker Harira-Suppe

Für 4 Personen:
***je 100 g Linsen und Kichererbsen***
***250 g Lamm- oder Rindfleisch | 3 Tomaten***
***2 Zwiebeln | 1/2 Stange Staudensellerie***
***1 Bund glatte Petersilie | 1 1/2 l Fleischbrühe (Instant) | 1 EL Olivenöl | 1 Stück frischer Ingwer (ca. 2 cm) | je 1/4 TL gemahlener Safran und Zimtpulver | 20 g Suppennudeln | Salz***

Zubereitungszeit: ca. 1 Std.
Einweichzeit: 12 Std.
Pro Portion: ca. 280 kcal

**1** Linsen und Kichererbsen jeweils in ca. 300 ml Wasser 12 Std. einweichen. Fleisch kalt abspülen, trockentupfen und 1/2 cm groß würfeln. Tomaten waschen und klein würfeln. Zwiebeln schälen und fein hacken. Sellerie waschen und in Scheiben schneiden. Petersilie fein hacken.

**2** Die Linsen und Kichererbsen abgießen. Die Brühe erhitzen. Das Öl in einem großen Topf erhitzen. Darin das Fleisch von allen Seiten anbraten. Die Zwiebeln dazugeben und mitbraten. Sellerie und Petersilie unterrühren und mit der heißen Brühe aufgießen. Die Linsen und Kichererbsen untermischen und alles aufkochen lassen. Den Ingwer schälen und fein reiben, mit dem Safran und dem Zimt unterrühren. Zugedeckt bei schwacher Hitze ca. 35 Min. leise kochen lassen. Die Nudeln untermischen, salzen und die Suppe in ca. 10 Min. fertig garen.

### Variante mit Zitronensauce

Harira ist die Suppe, die traditionell während des Ramadan gegessen wird, meist wird sie auf Lammbasis hergestellt. Für die **Sauce** 2 Eier mit 2 TL Zitronensaft verrühren. Den Topf vom Herd nehmen und in die Suppe einrühren.

## aus Algerien **Hühnersuppe mit Couscous**

Für 4 Personen:
***1 Zwiebel | 1 Tomate***
***1 l Hühnerbrühe (Instant)***
***200 g Hähnchenfleisch (aus ausgelösten Hähnchenkeulen oder Hähnchenbrust)***
***1 EL Olivenöl***
***1/4 TL Zimtpulver***
***2 TL Ras-el-Hanout (fertig aus dem Orientshop oder selbst gemacht, Rezept s. S. 8)***
***1/4 TL gemahlener Safran***
***3 Kartoffeln***
***1 Zucchino***
***2 Möhren***
***125 g gegarte Kichererbsen (S. 12 oder aus der Dose)***
***Salz | Pfeffer***
***100 g Couscous***
***1 TL Butter***
***4 Zitronenachtel***

Zubereitungszeit: ca. 1 Std.
Pro Portion: ca. 330 kcal

**1** Die Zwiebel schälen und fein hacken. Die Tomate waschen und klein würfeln. Die Brühe erhitzen. Das Fleisch kalt abspülen, trockentupfen und in ca. 2 cm große Würfel schneiden.

**2** 1/2 EL Öl in einem Topf erhitzen, das Fleisch darin anbraten. Zwiebel und Tomate unterrühren. Zimt, Ras-el-Hanout, Safran und die heiße Brühe dazugeben und zugedeckt bei schwacher Hitze 25 Min. kochen lassen.

**3** Inzwischen die Kartoffeln, den Zucchino und die Möhren waschen, schälen und in Würfel schneiden. Mit den Kichererbsen zur Suppe geben, salzen, pfeffern und 20 Min. garen.

**4** 150 ml Salzwasser zum Kochen bringen und über den Couscous gießen. Mit dem restlichen Öl verrühren, zugedeckt 5 Min. quellen lassen. Vor dem Servieren mit 1 TL Butter vermischen. Den Couscous mit der Hühnersuppe und den Zitronenachteln servieren.

## zart und saftig **Gewürzte Lammkeule**

*(im Bild hinten)*

Für 4 Personen:
***je 2 Zwiebeln und Knoblauchzehen***
***1 rote und 2 gelbe Paprikaschoten***
***2 Möhren | 1 Stück frischer Ingwer (ca. 5 cm)***
***1 kleine Lammkeule (ca. 1 kg)***
***je 1 EL Chilipulver, gemahlener Kreuzkümmel und Baharat (s. S. 8)***
***Salz | Pfeffer | 2 EL Olivenöl***
***1 EL Tomatenmark | 100 ml Gemüsebrühe***

Zubereitungszeit: ca. 50 Min.
Garzeit: ca. 55 Min.
Pro Portion: ca. 570 kcal

**1** Die Zwiebeln und den Knoblauch schälen und würfeln. Die Paprikaschoten waschen, putzen und in Rauten schneiden. Die Möhren waschen, schälen und in 1/2 cm dicke Scheiben schneiden.

**2** Den Ingwer schälen und fein reiben. Die Lammkeule kalt abspülen, trockentupfen und mit Ingwer, Chilipulver, Kreuzkümmel, Baharat, Salz und Pfeffer würzen.

**3** Das Öl in einer Tajine (s. S. 12, 63 und 73) oder in einem Bräter erhitzen, die Lammkeule darin bei mittlerer Hitze rundum anbraten, herausnehmen. Die Hälfte der Zwiebel- und Knoblauchwürfel anbraten. Tomatenmark dazugeben und unter Rühren dunkel rösten. Brühe angießen. Die Keule wieder in die Tajine setzen. Die restlichen Zwiebel- und Knoblauchwürfel darauf verteilen. Paprikarauten und Möhrenscheiben salzen und pfeffern und in die Tajine schichten.

**4** Den Deckel aufsetzen, mit der Dampfsperre verschließen und die Tajine in den kalten Backofen (Mitte) schieben. Auf 180° (Umluft 160°) aufheizen und die Lammkeule darin ca. 55 Min. schmoren lassen.

## aus Marokko **Lammbällchen mit Minze**

*(im Bild vorne)*

Für 20 Bällchen:
***100 g altbackenes Fladenbrot oder Brötchen***
***1 Zwiebel | 2 Knoblauchzehen***
***2 EL Olivenöl | 500 g Lamm-Hackfleisch | 1 Ei***
***2 TL gemahlener Kreuzkümmel***
***1 TL getrocknete Minze***
***1 EL gehackte Petersilie***
***2 TL rosenscharfes Paprikapulver***
***Salz | Pfeffer***

Zubereitungszeit: ca. 45 Min.
Pro Stück: ca. 80 kcal

**1** Das Brot kurz ins Tiefkühlfach legen. Zwiebeln und Knoblauch schälen und fein würfeln. 1 EL Öl in einer Tajine (s. S. 12, 63 und 73) oder einem Bräter erhitzen. Zwiebel und Knoblauch darin bei mittlerer Hitze glasig braten. In einer Schüssel mit dem Hackfleisch, Ei, Kreuzkümmel, Minze, Petersilie, Paprikapulver, Salz und Pfeffer vermengen. Das Brot grob reiben, untermischen. Aus der Masse 20 Bällchen formen.

**2** Restliches Öl in der Tajine erhitzen. Die Lammbällchen darin bei mittlerer Hitze rundherum anbraten. Den Boden mit etwas Wasser bedecken. Den Deckel aufsetzen, mit der Dampfsperre verschließen und die Tajine in den kalten Backofen (Mitte) schieben. Auf 180° (Umluft 160°) aufheizen, ca. 25 Min. garen. Fein dazu: Reis-Pilaw (s. S. 48 und 49) oder Couscous.

### Variante mit Joghurtsauce

**Joghurtsauce** (s. S. 12) zubereiten, die Lammbällchen ca. 5 Min. darin leise kochen lassen.

### Tauschbörse

Die Bällchen schmecken übrigens auch aus **Rinderhack.** Statt mit Petersilie können Sie sie auch mit 1 TL gehacktem **Rosmarin** würzen.

## nordafrikanisch Lamm mit Ras-el-Hanout

*(im Bild hinten)*

Für 4 Personen:
***800 g Lammfleisch (aus der Schulter)***
***je 2 Zwiebeln und Knoblauchzehen***
***1 Stück frischer Ingwer (ca. 1 cm)***
***1 EL Ras-el-Hanout (fertig aus dem Orientshop oder selbst gemacht, Rezept s. S. 8)***
***1/2 TL gemahlener Safran | 2 EL Olivenöl | Salz***
***150 g Rosinen | 100 g gehäutete Mandeln***
***je 1 gelbe und rote Paprikaschote***
***2 TL Zimtpulver | Pfeffer***
***1 EL Honig (nach Geschmack)***

Zubereitungszeit: ca. 1 Std.
Pro Portion: ca. 550 kcal

**1** Das Fleisch kalt abspülen, trockentupfen und in ca. 3 cm große Stücke schneiden. Zwiebeln und Knoblauch schälen und klein würfeln. Den Ingwer schälen und fein hacken. Das Fleisch mit Zwiebeln, Knoblauch, Ras-el-Hanout, Ingwer und Safran vermischen.

**2** Das Öl in einer Tajine (s. S. 12, 63 und 73) oder in einem weiten Schmortopf erhitzen. Das Fleisch darin portionsweise anbraten und salzen. Mit Wasser bedecken, aufkochen lassen, zugedeckt bei schwacher Hitze 30 Min. garen.

**3** Inzwischen die Rosinen in heißem Wasser ca. 10 Min. quellen lassen, abgießen. Die Mandeln halbieren und in einer Pfanne ohne Fett goldbraun rösten. Die Paprikaschoten waschen, putzen und in ca. 2 cm große Stücke schneiden.

**4** Rosinen, Paprikaschoten und Zimt zum Fleisch geben, ca. 15 Min. mitgaren. Fleischstücke aus der Sauce nehmen und warm stellen. Die Sauce bei starker Hitze auf die Hälfte einkochen, mit Salz, Pfeffer und Honig abschmecken. Das Fleisch mit den Mandeln zurück in die Sauce geben.

## süß-sauer Lammfleisch mit Datteln

*(im Bild vorne)*

Für 4 Personen:
***800 g Lammfleisch (aus der Schulter)***
***je 2 Zwiebeln und Knoblauchzehen***
***2 EL Olivenöl | Salz | 1 TL gemahlener Safran***
***Pfeffer | 1/2 TL Zimtpulver***
***100 g frische Datteln (oder 50 g getrocknete)***
***1 Zimtstange | 1 EL Sesamsamen***
***1/4 TL Chilipulver | 2 TL Honig | 2 EL Zitronensaft***

Zubereitungszeit: ca. 1 Std. 30 Min.
Pro Portion: ca. 325 kcal

**1** Das Lammfleisch kalt abspülen, trockentupfen und in 3 cm große Stücke schneiden. Zwiebeln und Knoblauch schälen und in feine Scheiben schneiden. Das Öl in einer Tajine (s. S. 12, 63 und 73) oder einem weiten Schmortopf erhitzen. Das Fleisch darin portionsweise bei mittlerer Hitze anbraten. Herausnehmen und salzen. Das Fleisch mit Zwiebeln, Knoblauch, Safran, Pfeffer und Zimt vermischen. Zurück in die Tajine geben. Mit Wasser bedecken, aufkochen und zugedeckt in ca. 1 Std. weich kochen.

**2** Die Datteln entkernen. Das Fleisch aus der Sauce nehmen und warm stellen. Die Datteln und die Zimtstange in die Sauce geben. Bei Bedarf etwas Wasser angießen und zugedeckt ca. 10 Min. garen. Den Sesam in einer Pfanne trocken goldbraun rösten.

**3** Die Sauce mit Salz, Chilipulver, Honig und Zitronensaft süß-säuerlich abschmecken. Das Fleisch auf einer tiefen Platte anrichten, die Datteln rundum verteilen. Den Sesam darüber streuen. Zu Couscous und Salat reichen.

### Clever variiert

Mit den Datteln 4 gewürfelte Tomaten garen, mit **Aceto balsamico** statt Zitronensaft abschmecken.

für Ahs und Ohs

# Rindfleisch mit Backpflaumen

Für 4 Personen:
***800 g Rindfleisch (aus der Unterschale)***
***2 große Zwiebeln | 2 Knoblauchzehen***
***1 Stück frischer Ingwer (1 cm) | 2 EL Olivenöl***
***Salz | Pfeffer | 1 Prise Cayennepfeffer***
***1 Prise gemahlener Safran | 1/4 TL Zimtpulver***
***150 g weiche Backpflaumen ohne Stein***
***1/2 eingelegte Zitrone (s. S. 10) | 1/2 Zimtstange***

Zubereitungszeit: ca. 1 Std.
Pro Portion: ca. 340 kcal

**1** Das Fleisch kalt abspülen, trockentupfen, in ca. 3 1/2 cm große Stücke schneiden. Zwiebeln, Knoblauch und Ingwer schälen und fein hacken. Das Öl in einer Tajine (s. S. 12, 63 und 73) oder einem weiten Schmortopf erhitzen. Das Fleisch darin portionsweise anbraten. Herausnehmen und mit Salz, Pfeffer, Cayennepfeffer, Safran, Zimt, Zwiebeln, Knoblauch und Ingwer mischen. Alles zurück in die Tajine geben, ca. 1/4 l Wasser angießen. Deckel aufsetzen, mit der Dampfsperre verschließen und auf mittlere Hitze aufheizen. Das Fleisch in ca. 45 Min. weich schmoren.

**2** Inzwischen Backpflaumen mit heißem Wasser übergießen, 20 Min. quellen lassen. Eingelegte Zitrone vierteln, das Fruchtfleisch entfernen, die Schale in feine Streifen schneiden. Ca. 8 EL Wasser mit der Zimtstange und den Backpflaumen aufkochen und ca. 10 Min. leise kochen lassen.

**3** Das Fleisch aus der Sauce nehmen und warm stellen. Die Sauce bei starker Hitze auf die Hälfte einkochen lassen. Die Zitronenschale kurz mitkochen. Mit Salz und Pfeffer abschmecken. Die Backpflaumen unter das Fleisch heben und mit der Sauce übergießen.

## pikant Rindfleisch mit Paprika und Limetten

Für 4 Personen:
***600 g Rindergulasch | 1 EL Harissa (s. S. 4)***
***3 Zwiebeln | 2 Knoblauchzehen***
***2 EL Olivenöl | Salz | 1 EL Tomatenmark***
***je 1 grüne, rote und gelbe Paprikaschote***
***1 Dose geschälte Tomaten (480 g Abtropfgewicht) | 1 Bund Frühlingszwiebeln***
***2 getrocknete Limetten (Orientshop) | Pfeffer***

Zubereitungszeit: ca. 40 Min.
Garzeit: ca. 1 Std. 20 Min.
Pro Portion: ca. 270 kcal

**1** Das Fleisch mit Harissa vermischen. Zwiebeln und Knoblauch schälen und klein würfeln.

**2** Das Öl in einer Tajine (s. S. 12, 63 und 73) oder einem Bräter erhitzen. Das Fleisch darin portionsweise bei mittlerer Hitze anbraten, herausnehmen und salzen. Zwiebeln und Knoblauch glasig anbraten, Tomatenmark kurz mit anrösten. Das Fleisch wieder dazugeben und ca. 1/4 l Wasser angießen. Den Deckel aufsetzen und die Tajine mit der Dampfsperre verschließen. In den kalten Backofen (Mitte) stellen und auf 180° (Umluft 160°) aufheizen. Das Fleisch in ca. 1 Std. 20 Min. weich garen.

**3** Paprika waschen, putzen, in 3 cm große Rauten schneiden. Tomaten abtropfen lassen, grob zerteilen. Frühlingszwiebeln waschen, putzen, weiße und grüne Teile getrennt in Ringe schneiden.

**4** Fleisch aus der Tajine nehmen. Paprika, Tomaten und weiße Frühlingszwiebelteile in die Sauce geben. Limetten anstechen und untermischen. Alles einmal aufkochen, Sauce etwas einkochen lassen. Salzen und pfeffern. Das Fleisch mit dem Zwiebelgrün unterrühren. Dazu passt Reis.

### Tauschbörse

**Eingelegte Zitronen** (s. S. 10) im Vorrat? Dann nehmen Sie statt der getrockneten Limetten die Schalenstreifen von 1/2 eingelegten Zitrone.

## scharf **Jemenitisches Rinderragout**

*(im Bild hinten)*

Für 4 Personen:
***600 g Rindfleisch (aus der Oberschale)***
***3 EL Hawayij-Gewürz (fertig aus dem Orientshop oder selbst gemacht, Rezept s. S. 8)***
***je 3 Zwiebeln und Knoblauchzehen***
***2 EL Olivenöl / Salz / 1 EL Tomatenmark***
***3 Möhren / je 1 rote und gelbe Paprikaschote***
***250 g Tomaten / Pfeffer***

Zubereitungszeit: ca. 45 Min.
Garzeit: ca. 1 Std. 25 Min.
Pro Portion: ca. 240 kcal

**1** Das Fleisch kalt abspülen, trockentupfen, in ca. 3 1/2 cm große Würfel schneiden und mit dem Hawayij-Gewürz vermischen. Zwiebeln und Knoblauch schälen, die Zwiebeln würfeln und den Knoblauch grob hacken.

**2** Ofen auf 180° (Umluft 160°) vorheizen. Das Öl in einem Bräter erhitzen. Das Fleisch darin bei mittlerer Hitze portionsweise anbraten, herausnehmen und salzen. Zwiebeln und Knoblauch glasig anbraten. Tomatenmark dazugeben und unter Rühren dunkel anrösten. Fleisch wieder in den Bräter geben, 1/4 l Wasser angießen. Den Bräter zugedeckt in den heißen Ofen (Mitte) stellen, das Fleisch in ca. 1 Std. 10 Min. weich schmoren.

**3** Inzwischen die Möhren waschen, schälen und in Scheiben schneiden. Paprikaschoten waschen, putzen, in Rauten schneiden. Tomaten waschen und ohne Stielansätze grob würfeln.

**4** Die Möhren unter das Fleisch mischen und weitere 15 Min. garen. Fleisch herausnehmen und warm stellen. Paprika und Tomaten in die Sauce geben, auf dem Herd etwas einkochen lassen, salzen und pfeffern. Fleisch zurück in die Sauce geben, aufkochen und heiß servieren.

## aus Algerien **Rindfleisch mit Oliven**

*(im Bild vorne)*

Für 4 Personen:
***je 1 Zwiebel und Knoblauchzehe***
***1 EL Olivenöl***
***600 g Rindergulasch***
***Salz / Pfeffer***
***1 getrocknete Limette (aus dem Orientshop)***
***100 g grüne oder schwarze Oliven ohne Stein***
***Saft von 1/2 Zitrone***

Zubereitungszeit: ca. 30 Min.
Garzeit: ca. 1 Std.
Pro Portion: ca. 205 kcal

**1** Zwiebel und Knoblauch schälen und in kleine Würfel schneiden. Das Öl in einem Topf erhitzen, das Fleisch darin portionsweise bei mittlerer Hitze anbraten. Herausnehmen und salzen.

**2** Zwiebel und Knoblauch glasig anbraten und das Fleisch dazugeben. So viel heißes Wasser angießen, dass das Fleisch bedeckt ist. Mit Salz und Pfeffer würzen. Die Limette anstechen und hinzufügen. Aufkochen und zugedeckt bei schwacher Hitze ca. 45 Min. schmoren lassen.

**3** Die Oliven untermischen und weitere 15 Min. zugedeckt schmoren lassen. Mit Zitronensaft abschmecken. Dazu passen Salzkartoffeln, die mit 1 Prise Safran gegart worden sind.

### Tauschbörse

Statt der getrockneten Limette können Sie auch 1 TL **Zimtpulver** und 1/2 TL frisch geriebenen **Ingwer** verwenden. Statt Rindfleisch schmeckt auch **Lammfleisch** (aus der Keule). Mögen Sie **sämige Saucen**? Dann verrühren Sie 1 EL Mehl oder Speisestärke mit etwas Wasser, rühren die Mischung in die Sauce und kochen sie einige Min., bis sie etwas eindickt.

macht wenig Arbeit

# Rindfleisch mit grünen Bohnen

Für 4 Personen:
***je 1 Zwiebel und Knoblauchzehe***
***3 vollreife Tomaten***
***2 EL Olivenöl***
***800 g Rindergulasch | Salz***
***1 EL Tomatenmark***
***Pfeffer***
***1 TL Baharat (fertig aus dem Orientshop oder selbst gemacht, Rezept s. S. 8)***
***500 g grüne Bohnen***
***1 EL gehackte Petersilie***

Zubereitungszeit: ca. 30 Min.
Garzeit: ca. 1 Std. 30 Min.
Pro Portion: ca. 285 kcal

**1** Zwiebel und Knoblauch schälen und in kleine Würfel schneiden. Tomaten waschen, grob zerkleinern und mit dem Pürierstab pürieren.

**2** Das Öl in einem Topf erhitzen, das Fleisch darin portionsweise bei mittlerer Hitze anbraten. Herausnehmen, salzen und warm stellen. Zwiebel und Knoblauch glasig anbraten. Tomatenmark dazugeben und unter Rühren anrösten, das Tomatenpüree untermischen.

**3** Das Fleisch wieder in den Topf geben und so viel heißes Wasser angießen, dass das Fleisch knapp bedeckt ist. Mit Salz, Pfeffer und Baharat würzen. Aufkochen lassen und zugedeckt bei schwacher Hitze ca. 1 Std. schmoren lassen.

**4** Inzwischen die Bohnen waschen, putzen und je nach Größe halbieren. In einem Topf mit 1/8 l Salzwasser zugedeckt bei schwacher Hitze ca. 10 Min. kochen lassen. Anschließend zum Fleisch geben und weitere 30 Min. zugedeckt schmoren. Mit Petersilie bestreut servieren.

# Schmorfleisch mit Quitten

Für 4 Personen:
***je 2 Zwiebeln und Knoblauchzehen***
***1 Stück frischer Ingwer (1 cm)***
***2 EL Olivenöl***
***800 g Gulasch (Rind oder Lamm)***
***Salz | Pfeffer***
***1/2 TL gemahlener Safran***
***800 g Quitten***
***100 g weiche getrocknete Datteln***
***1 getrocknete Limette (aus dem Orientshop)***
***1 TL Koriandersamen***
***1/2 TL Zimtpulver | 1 EL Honig***
***1 Stiel frische Minze (nach Belieben)***

Zubereitungszeit: ca. 30 Min.
Garzeit: ca. 1 Std.
Pro Portion: ca. 390 kcal

**1** Die Zwiebeln und den Knoblauch schälen und in feine Scheiben schneiden. Den Ingwer schälen und fein reiben.

**2** Das Öl in einem breiten Schmortopf erhitzen, das Fleisch darin portionsweise bei mittlerer Hitze anbraten. Herausnehmen und salzen. Die Zwiebeln und den Knoblauch glasig anbraten. Das Fleisch wieder in den Topf geben und mit Ingwer, Salz, Pfeffer und Safran würzen. So viel heißes Wasser angießen, dass das Fleisch knapp bedeckt ist. Aufkochen lassen und zugedeckt bei mittlerer Hitze ca. 45 Min. garen.

**3** Inzwischen die Quitten schälen, achteln und entkernen. Die Datteln entkernen. Die Limette anstechen. Koriander im Mörser zerstoßen. Quitten, Datteln, Limette, Koriander, Zimt und Honig zum Fleisch geben, 15 Min. mitgaren.

**4** Fleisch, Quitten und Datteln herausnehmen und warm stellen. Die Sauce auf 2/3 einkochen und mit Salz und Pfeffer abschmecken. Zum Servieren über das Fleisch und die Früchte geben. Nach Belieben mit Minzeblättchen dekorieren.

# Geflügel auf Beduinenart

## für Gäste Ma'alube – Gestürztes Hähnchen

Für 4–6 Personen:
***1 kleines Brathähnchen (700 g–1 kg)***
***1 l Hühnerbrühe (Instant) | 2 Zwiebeln***
***500 g Kartoffeln | 200 g Zucchini***
***4 EL Olivenöl | 300 g Basmati-Reis***
***2–3 Kardamomkapseln***
***Salz | Pfeffer | 1 Prise Zimtpulver***
***1/2 TL Baharat (fertig aus dem Orientshop oder selbst gemacht, Rezept s. S. 8)***
***1 EL Tomatenmark***
***1 Dose geschälte Tomaten (480 g Abtropfgewicht)***

Zubereitungszeit: ca. 50 Min.
Garzeit: ca. 40 Min.
Bei 6 Personen pro Portion: ca. 530 kcal

**1** Das Hähnchen innen und außen kalt abspülen und abtrocknen. In acht Stücke zerlegen und die Haut entfernen. Brühe in einem Topf aufkochen lassen, die Hähnchenteile darin bei schwacher Hitze ca. 30 Min. garen.

**2** Inzwischen die Zwiebeln schälen, halbieren und in 1/2 cm breite Streifen schneiden. Kartoffeln waschen, schälen und in 1/2 cm dicke Scheiben schneiden. Zucchini waschen, putzen und in 2 cm dicke Scheiben schneiden.

**3** 2 EL Öl in einer Pfanne bei mittlerer Hitze erhitzen und die Kartoffeln darin in ca. 15 Min. braun braten. Herausnehmen und beiseite stellen. Dann die Zucchini und anschließend die Zwiebeln in der Pfanne goldbraun anbraten. Jeweils herausnehmen und beiseite stellen.

**4** Die Kardamomkapseln im Mörser zerstoßen. Den Reis waschen und mit Kardamom, Salz, Pfeffer, Zimt und Baharat vermischen. In der Pfanne 1 weiteren EL Öl erhitzen und den Reis darin bei mittlerer Hitze anrösten. Das Tomatenmark hinzufügen und untermischen.

**5** Das restliche Öl in einem großen, hohen Topf erhitzen. Die Tomaten abtropfen lassen, grob zerkleinern und auf dem Topfboden verteilen. Mit einer dünnen Lage Reis bedecken. Nacheinander Hähnchen, Zwiebeln, Kartoffeln und Zucchini einschichten, dabei zwischen die Schichten jeweils eine Lage gewürzten Reis geben. Mit einer Reisschicht abschließen.

**6** Den Topf mit Hühnerbrühe auffüllen, bis die obere Reisschicht von Flüssigkeit bedeckt ist. Alles einmal aufkochen lassen und bei schwacher Hitze zugedeckt ca. 40 Min. garen, bis der Reis weich ist.

**7** Das Ma'alube nach Beduinenart stürzen: Dafür ein Tebsil oder eine Platte mit tiefem Rand auf den Hähnchentopf geben, beides zusammen drehen und das Gericht auf die Platte stürzen.

### Tauschbörse

Statt Kartoffeln 2 **Auberginen** in Scheiben schneiden, mit Salz bestreuen, aufeinander stapeln und ca. 30 Min. Wasser ziehen lassen. Kalt abspülen, trockentupfen und von beiden Seiten in Öl goldbraun backen. Mit den Tomaten mischen und einen Teil davon als saftige Grundlage auf den Topfboden geben. Dann weiter verfahren wie im Rezept beschrieben.
Oder statt des Hähnchens 8–12 **Lammkoteletts** (die Rippen freischaben) mit Öl einreiben, salzen und pfeffern, von beiden Seiten braun anbraten und einschichten.

### Stylingtipp

Dieses Gericht der ostarabischen Küche eignet sich sehr gut für eine **Einladung** zum orientalischen Essen. Servieren Sie es nicht im Topf, sonst bringen Sie sich um die ganze Wirkung! Es entfaltet nämlich erst nach Beduinenart **hügelartig auf eine Platte gestürzt** seine ganze Pracht. Dazu Fladenbrot und Salat servieren.

## gästetauglich **Hähnchenbrust mit Birne**

Für 4 Personen:
***je 2 Zwiebeln und Knoblauchzehen***
***1 Stück frischer Ingwer (ca. 2 cm) | 4 reife Birnen***
***1 EL Honig | 4 Hähnchenbrustfilets (je 100 g)***
***1 TL gemahlene Kurkuma | Salz | Pfeffer***
***2 EL Olivenöl | 2 Zimtstangen | 100 ml Gemüsebrühe (Instant) | 1 Bund Koriandergrün***
***1 EL Rosenblütenwasser (s. S. 4)***

Zubereitungszeit: ca. 45 Min.
Garzeit: ca. 30 Min.
Pro Portion: ca. 245 kcal

**1** Zwiebeln und Knoblauch schälen und in feine Streifen schneiden. Ingwer schälen und reiben. Birnen waschen, vierteln, entkernen und mit dem Honig und dem Ingwer vermischen. Das Hähnchenfleisch kalt abspülen, trockentupfen und mit Kurkuma, Salz und Pfeffer einreiben.

**2** Das Öl in einer Tajine (s. S. 12, 63 und 73) oder in einem Bräter erhitzen. Die Hähnchenbrustfilets mit den Zimtstangen in die Tajine geben und auf jeder Seite ca. 2 Min. anbraten. Beides herausnehmen. Die Zwiebeln und den Knoblauch glasig anbraten. Birnen, Hähnchenbrustfilets und Zimtstangen darauf einschichten und die Brühe angießen.

**3** Deckel aufsetzen, die Tajine mit der Dampfsperre verschließen. In den kalten Backofen (Mitte) schieben und auf 180° (Umluft 160°) aufheizen. Ca. 30 Min. schmoren lassen.

**4** Das Koriandergrün waschen und trockenschütteln, die Blättchen abzupfen und klein schneiden. Die Hähnchenbrustfilets mit dem Rosenblütenwasser beträufeln und mit dem Koriandergrün bestreut servieren.

## zart und würzig **Hähnchen mit Oliven und Okras**

Für 4 Personen:
***500 g Okraschoten (frisch oder aus der Dose)***
***4 Hähnchenkeulen***
***2 EL Baharat (fertig aus dem Orientshop oder selbst gemacht, Rezept s. S. 8)***
***Salz | Pfeffer***
***je 2 Zwiebeln und Knoblauchzehen***
***3 EL Olivenöl | 1 TL gemahlener Safran***
***150 ml Gemüsebrühe (Instant)***
***150 g schwarze Oliven***
***1 eingelegte Zitrone (s. S. 10)***
***2 EL gehackte Petersilie***

Zubereitungszeit: ca. 30 Min.
Garzeit: ca. 35 Min.
Pro Portion: ca. 425 kcal

**1** Frische Okras waschen, Stielansätze kegelförmig abschneiden, den äußeren Flaum abschaben (Okras aus der Dose abtropfen lassen). Hähnchenkeulen kalt abspülen, trockentupfen, im Gelenk zerteilen und mit Baharat, Salz und Pfeffer würzen. Die Zwiebeln und den Knoblauch schälen und klein würfeln.

**2** Das Öl in einer Tajine (s. S. 12, 63 und 73) oder einem Bräter erhitzen. Hähnchenkeulen mit dem Safran rundherum bei mittlerer Hitze anbraten. Zwiebeln und Knoblauch hinzufügen und mitbraten. Die Keulen herausnehmen.

**3** Die Okras mit Salz und Pfeffer würzen und auf den Zwiebeln verteilen. Hähnchenkeulen darauf legen und Brühe angießen. Den Deckel aufsetzen und die Tajine mit der Dampfsperre verschließen. Die Tajine in den kalten Backofen (Mitte) schieben und auf 180° (Umluft 160°) aufheizen. 30 Min. schmoren lassen.

**4** Oliven untermischen und ca. 5 Min. mitgaren. Die eingelegte Zitrone vierteln, Fruchtfleisch entfernen, Schale in Streifen schneiden und untermischen. Mit der Petersilie bestreut servieren.

1

2

3

## pikant-süßes Geschmackserlebnis Hähnchen-Pastilla

Für 1 Tebsil oder 1 Springform von 28–30 cm Ø:

***4 Hähnchenkeulen***
***2 Zwiebeln | 3 Knoblauchzehen***
***1 Bund glatte Petersilie***
***1/2 Bund Koriandergrün***
***2 hart gekochte Eier***
***1 Stück frischer Ingwer (5 cm)***
***4 EL Sonnenblumenöl***
***1/2 TL gemahlener Safran***
***Salz | Pfeffer***
***200 g Pinienkerne***
***200 g gemahlene Mandeln***
***4 EL Puderzucker***
***1/2 TL Vanillepulver (s. Tipp S. 115)***
***1/2 TL Zimtpulver***
***4 EL Butter***
***3 EL Rosenblütenwasser (s. S. 4)***
***8 Yufka-Teigblätter (ca. 320 g, aus dem Orientladen)***
***1 Eigelb***

Außerdem:

***Puderzucker und Chilipulver zum Bestäuben***

Zubereitungszeit: ca. 1 Std. 40 Min.
Backzeit: ca. 30–35 Min.
Bei 12 Portionen pro Portion: ca. 460 kcal

**1** Die Hähnchenkeulen häuten, kalt abspülen und trockentupfen. Das Fleisch von den Knochen lösen und in Streifen schneiden. Zwiebeln schälen und in Streifen, Knoblauch schälen und in Würfel schneiden. Petersilie und Koriandergrün waschen und trockenschütteln, die Blättchen fein hacken. Eier pellen und fein hacken. Den Ingwer schälen und fein reiben.

**2** 2 EL Öl in einer Pfanne erhitzen, das Fleisch darin bei mittlerer Hitze anbraten. Knoblauch mit anbraten und mit Safran, Ingwer, Salz und Pfeffer würzen. Alles weitere 4 Min. garen.

**3** In einer Schüssel die Zwiebeln mit Eiern, Kräutern, 1 EL Öl, Salz und Pfeffer vermischen. Das gebratene Hähnchenfleisch untermischen.

**4** Die Pinienkerne klein hacken und mit den gemahlenen Mandeln, dem Puderzucker, dem Vanillepulver und dem Zimt mischen.

**5** Die Butter in einem kleinem Topf zerlassen und mit dem Rosenblütenwasser vermischen. Den Backofen auf 180° (Umluft 160°) vorheizen.

**6** Ein Tebsil oder eine Springform mit Backpapier auslegen und den Rand mit dem restlichen Öl einfetten. Darauf 1 Teigblatt legen und mit der zerlassenen Butter bepinseln. Auf das Teigblatt vier weitere Blätter etwas versetzt einlegen (die Blätter hängen über den Rand der Form; damit wird die Pastilla später zugedeckt). Dabei jedes Teigblatt und alle nachfolgenden mit zerlassener Butter bepinseln **(Step 1)**. Die Hälfte der Pinienkernmischung darauf verteilen, einen kleinen Rand unbelegt lassen **(Step 2)**. Mit einem bepinselten Teigblatt belegen. Darauf die Fleischmischung verteilen und wieder einen kleinen Rand frei lassen. Darauf ein Teigblatt legen. Mit der zweiten Hälfte der Pinienkernmischung bestreuen und mit einem bepinselten Teigblatt abschließen. Die überlappenden Teigblätter nach innen einschlagen **(Step 3)**.



**7** Das Eigelb mit etwas Wasser verquirlen und die Pastilla damit bestreichen. Im heißen Ofen (Mitte) in 30–35 Min. goldbraun backen.

**8** Die Hähnchen-Pastilla aus der Springform lösen und auf eine Servierplatte geben oder vom Tebsil auf die Platte stürzen. Das überschüssige Fett abtupfen. Dünn mit Puderzucker bestäuben und mit Chilipulver ein Gittermuster aufstreuen. Warm servieren.

## einfach nur gut Gegrillter Chermoula-Fisch

Für 4 Personen:
***1 kg küchenfertige ganze Fische (z. B. Rotbarben, Sardinen, Heringe, Forellen)***
***1 Portion Chermoula (Rezept S. 8)***
Außerdem:
***Öl für das Grillgitter***

Zubereitungszeit: ca. 20 Min.
Marinierzeit: 1–2 Std.
Pro Portion: ca. 225 kcal

**1** Die Fische kalt abspülen, trockentupfen und in eine Schale legen. Etwas Chermoula in die Bauchhöhlen geben, Rest darüber verteilen. Im Kühlschrank zugedeckt 1–2 Std. marinieren.

**2** Den Grill vorheizen, das Grillgitter einölen. Die Fische darauf je nach Größe auf jeder Seite 5–8 Min. grillen. Auf eine Platte geben und mit Couscous, Safran- oder Tomatenreis und gegrilltem Gemüse (s. S. 43) servieren.

### Tauschbörse

Statt mit klassischer Chermoula schmeckt der Grillfisch auch mit **Chermoula-Pesto mit Crossover-Touch:** 1 Bund Frühlingszwiebeln waschen, putzen und in Ringe schneiden. 1 Knoblauchzehe schälen und fein hacken. 50 g Pinienkerne hacken und mit Frühlingszwiebeln, Knoblauch und 50 g geriebenem Parmesan vermischen. 1 TL gemahlenen Kreuzkümmel, 1 TL rosenscharfes Paprikapulver, 1/4 TL frisch gehackte Chilischote, 1/2 TL gemahlenen Safran, 5 EL Zitronensaft, 1 TL geriebenen Ingwer, 1 EL gehacktes Koriandergrün und 3 EL Öl unterrühren. Die Fische vorbereiten, innen und außen salzen und mit dem Saft von 1 Zitrone beträufeln. Grillen und vor dem Servieren das Pesto darüber geben.

## aromatisch Fischfilet mit Chermoula-Vinaigrette

Für 4 Personen:
***600 g gemischte Fischfilets***
***(je 150 g Seeteufel, Lachs oder Sardinen)***
***2 Knoblauchzehen***
***je 1/2 Bund glatte Petersilie und Koriandergrün***
***7 EL Olivenöl***
***4 EL Weißweinessig***
***1 TL rosenscharfes Paprikapulver***
***1 TL Cayennepfeffer***
***Salz I Pfeffer***

Zubereitungszeit: ca. 30 Min.
Pro Portion: ca. 430 kcal

**1** Die Fischfilets kalt abspülen, trockentupfen und schräg zur Faser in dünne Scheiben schneiden (bei Sardinen die Haut nicht entfernen). Den Fisch auf einer Platte anrichten. Den Knoblauch schälen und fein reiben. Die Kräuter waschen und trockenschütteln, die Blättchen abzupfen.

**2** Das Öl mit dem Essig, dem Knoblauch, den Kräutern, dem Paprikapulver und Cayennepfeffer in einen Topf geben und bei schwacher Hitze langsam erwärmen. Mit Salz und Pfeffer abschmecken und mit dem Pürierstab kurz pürieren. Die Chermoula-Vinaigrette über den Fisch verteilen. Servieren Sie dazu gegrilltes Gemüse (s. S. 43), warmes Fladenbrot und einen bunten Salat.

### Clever einkaufen

Für roh marinierten Fisch muss der **Fisch** unbedingt **superfrisch** sein! Das ist für den Laien bei Filets nicht immer leicht zu erkennen. Das Fischfleisch sollte fest und matt glänzend sein. Und das sicherste Indiz: Der Fisch riecht nicht nach Fisch, sondern nach frischem Meerwasser!

## knusprig & kräuterwürzig Fisch im Kräutermantel

*(im Bild hinten)*

Für 4 Personen:
Für den Fisch:
***je 1/2 Bund Koriandergrün und Petersilie***
***1 Stück frischer Ingwer (2 cm)***
***2 EL Baharat (fertig aus dem Orientshop oder selbst gemacht, Rezept s. S. 8)***
***Salz | Pfeffer***
***4 Fischfilets (je 150 g; z. B. Tunfisch, Seewolf, Wels, Makrele)***
Für die Tomatensauce:
***1 Zwiebel | 2 Knoblauchzehen | 4 Tomaten***
***1 grüne Paprikaschote | 3 EL Olivenöl***
***1 EL rosenscharfes Paprikapulver | Salz | Pfeffer***

Zubereitungszeit: ca. 50 Min.
Pro Portion: ca. 410 kcal

**1** Koriander und Petersilie waschen und trockenschütteln, die Blättchen hacken. Ingwer schälen und fein reiben. Kräuter und Ingwer mit Baharat, Salz und Pfeffer mischen. Den Fisch kalt abspülen, trockentupfen, in der Kräutermischung wenden, fest andrücken, zugedeckt beiseite stellen.

**2** Für die Sauce Zwiebeln und Knoblauch schälen und klein würfeln. Tomaten waschen und in ca. 1/2 cm große Würfel schneiden. 1/4 davon pürieren. Die Paprikaschote waschen, putzen und in 1/2 cm große Würfel schneiden.

**3** 1 EL Öl in einem Topf erhitzen. Zwiebeln und Knoblauch darin glasig anbraten. Die Paprikawürfel dazugeben und mitbraten. Tomatenwürfel, Tomatenpüree und Paprikapulver dazugeben. Aufkochen lassen, salzen, pfeffern, bei schwacher Hitze ca. 5 Min. leise kochen lassen.

**4** Das restliche Öl in einer Pfanne erhitzen. Den Fisch darin von jeder Seite 3–4 Min. braten. Mit der Sauce servieren. Dazu passt Reis-Pilaw.

## für Gäste Gefüllter Fisch mit Tahinasauce

*(im Bild vorne)*

Für 4 Personen:
Für den Fisch:
***4 küchenfertige Fische mit Kopf (je ca. 250 g; z. B. Doraden, Forellen, Sardinen, Makrelen)***
***je 2 Zwiebeln und Knoblauchzehen***
***1 Bund glatte Petersilie | 150 g Walnusskerne***
***1 kleine frische rote Chilischote***
***2 EL Olivenöl | Saft von 1 Zitrone***
***Salz | Pfeffer***
Für die Sauce:
***200 g Tahina (Sesampaste)***
***100 ml Zitronensaft***
***je 1 TL gemahlener Kreuzkümmel und edelsüßes Paprikapulver***
***Backpapier für das Blech***

Zubereitungszeit: ca. 45 Min.
Pro Portion: ca. 530 kcal

**1** Den Ofen auf 200° (Umluft 180°) vorheizen. Die Fische innen und außen kalt abspülen und trockentupfen. Zwiebeln und Knoblauch schälen und klein würfeln. Petersilie waschen und trockenschütteln, die Blättchen fein hacken. Die Walnüsse ebenfalls hacken. Die Chilischote waschen, entkernen und klein schneiden.

**2** Das Öl in einem Topf erhitzen. Zwiebeln und Knoblauch darin bei mittlerer Hitze glasig braten. Chili und Walnüsse dazugeben und mit anbraten. Zitronensaft untermischen, mit Salz und Pfeffer würzen und abkühlen lassen.

**3** Die Fische mit der Masse füllen und auf ein mit Backpapier ausgelegtes Backblech legen. Im heißen Ofen (Mitte) ca. 25 Min. garen.

**4** Tahina, Zitronensaft, Kreuzkümmel und Paprikapulver in einer Schüssel verrühren. Den Fisch auf einer Platte servieren. Die Sauce separat reichen.

## würzig **Fisch-Tajine mit Tomaten und Mandeln**

*(im Bild vorne)*

Für 4 Personen:
***500 g Spinat / Salz***
***je 2 Zwiebeln und Knoblauchzehen***
***1 unbehandelte Zitrone***
***500 g Cocktailtomaten***
***4 Fischfilets (je 150 g; z. B. Seelachs, Wolfsbarsch)***
***1 TL gemahlene Kurkuma***
***1–2 TL gemahlener Kreuzkümmel***
***Pfeffer / 2 EL Olivenöl***
***1 EL edelsüßes Paprikapulver***
***50 g Mandelstifte / 1 Bund glatte Petersilie***

Zubereitungszeit: ca. 30 Min.
Garzeit: ca. 50 Min.
Pro Portion: ca. 280 kcal

**1** Den Spinat waschen, putzen und in Streifen schneiden. In reichlich kochendem Salzwasser ca. 2 Min. blanchieren, in ein Sieb abgießen, kalt abschrecken und gut abtropfen lassen.

**2** Zwiebeln und Knoblauch schälen und klein würfeln. Zitrone heiß waschen, abtrocknen und ungeschält in sehr dünne Scheiben schneiden. Tomaten waschen, je nach Größe halbieren oder vierteln, salzen und pfeffern. Fischfilets kalt abspülen, trockentupfen mit Kurkuma, Kreuzkümmel, Salz und Pfeffer würzen.

**3** Das Öl in einer Tajine (s. S. 12, 63 und 73) oder einem Bräter erhitzen. Zwiebeln, Knoblauch und Paprikapulver darin ca. 3 Min. bei mittlerer Hitze anbraten, salzen und pfeffern. Zitronenscheiben darauf verteilen. Darauf den Spinat legen, gefolgt von den Tomaten und dem Fisch. Deckel aufsetzen, mit der Dampfsperre verschließen. Die Tajine in den kalten Backofen (Mitte) schieben und in ca. 10 Min. auf 180° (Umluft 160°) aufheizen. Ca. 40 Min. garen.

**4** Mandeln in einer trockenen Pfanne goldbraun rösten. Petersilie waschen und trockenschütteln, die Blättchen fein hacken. Beides über den Fisch geben. Reis-Pilaw oder Couscous dazu reichen.

## für Gäste **Fisch-Tajine mit Tahina**

*(im Bild hinten)*

Für 4 Personen:
***je 2 Zwiebeln und Knoblauchzehen***
***1 EL Koriandergrün / 1 Bund glatte Petersilie***
***250 ml Tahina (Sesampaste, s. S. 4)***
***Saft von 1 Zitrone / Saft von 1/2 Orange / 2 EL Öl***
***4 Fischfilets (je 150 g; z. B. Seelachs, Seeteufel)***
***1 TL gemahlener Kreuzkümmel***
***Salz / Pfeffer***

Zubereitungszeit: ca. 30 Min.
Garzeit: ca. 30 Min.
Pro Portion: ca. 575 kcal

**1** Zwiebeln und Knoblauch schälen und in Würfel schneiden. Koriander und Petersilie waschen und trockenschütteln, die Blättchen hacken. Tahina in einer Schüssel mit 5 EL Wasser verrühren und mit Zitronen- und Orangensaft, Koriander und der Hälfte der Petersilie glatt rühren.

**2** Das Öl in einer Tajine (s. S. 12, 63 und 73) oder einem Bräter erhitzen. Zwiebeln und Knoblauch darin bei mittlerer Hitze glasig braten. Den Fisch kalt abspülen, trockentupfen und mit dem Kreuzkümmel, Salz und Pfeffer würzen. Auf die Zwiebelmasse legen und mit der Tahinasauce übergießen.

**3** Die Tajine mit der Dampfsperre verschließen und in den kalten Backofen (Mitte) schieben. In ca. 10 Min. auf 180° (Umluft 160°) aufheizen. Den Fisch ca. 20 Min. garen. Mit der restlichen Petersilie dekorieren und in der Tajine servieren. Mit Salat und warmem Fladenbrot servieren.

# Desserts & Gebäck

# Leckereien blütenrein verfeinert

***Orientalische Desserts wie Baklawa sind sehr süß und üppig – ähnlich wie Pralinen. Sie dienen weniger als Dessert, sondern werden gern nachmittags und zu festlichen Gelegenheiten serviert. Bei einer Abendeinladung gönnt man sich nach dem Essen eine kleine Pause. Das Dessert kommt zum Tee auf den Tisch und fällt reichhaltig aus: Es gibt dekorativ angerichtete frische Früchte, Obstsalate und Plätzchen, aber auch Nüsse, Samen und herzhafte Knabbereien.***

### *Frische Früchte – orientalisch serviert*

Ganz einfach: Das Obst wird geschält, in mundgerechte Stücke geschnitten und mit etwas Zitronensaft beträufelt gut gekühlt als Fingerfood serviert. Wer mag, streut etwas Zucker darüber. Schon raffinerter ist es, das Obst mit dieser **Orangensauce** zu marinieren: 100 ml Orangensaft, am besten frisch gepresst, mit 1 Prise Vanille- oder Zimtpulver, ein paar Tropfen Orangenblütenwasser (s. S. 4) und 1 EL Honig oder Zucker verrühren.
Melonen werden immer in mundgerechte Stücke geschnitten. Süße Galia-, Honig- oder Cantaloup-Melonenstücke gemischt auf einer Platte anrichten. Zitronenspalten dazulegen, mit denen sich jeder sein Obst nach Belieben beträufeln kann. Wassermelone harmoniert gut mit Weintrauben, auch mit Orangenspalten, die mit der Orangensauce mariniert wurden. **Orangen** machen sich besonders gut, wenn Sie sie schälen, in Scheiben schneiden und auf einem Teller zur Rosette anordnen. Mit Orangensauce beträufeln und mit Granatapfelkernen und Minzeblättchen dekorieren. Köstlich schmecken auch Orangenspalten mit frischen Erdbeeren, die mit Orangensaft und 1 EL gehacktem Koriandergrün garniert werden. Für einen **Gemischten Obstteller** möglichst viele verschiedene vollreife Früchte so anrichten, dass man sie direkt mit der Hand oder mit der Gabel vom Servierteller nehmen kann. Bananen, Äpfel und Birnen z. B. in dicke Scheiben schneiden, Erdbeeren entstielen, Pfirsiche und Aprikosen mit kochendem Wasser überbrühen, häuten und in Spalten schneiden. Mit Marinade beträufelt bis zum Servieren in den Kühlschrank stellen. Im Orient serviert man übrigens auch gerne Salatgurkenscheiben mit den Früchten.

### *Früchte – blitzschnell gefüllt*

Einige Früchte eignen sich gut zum Füllen, z. B. mit Nüssen oder Mandeln, und werden dann wie Konfekt gereicht. Auch Frischkäse oder selbst gemachter Joghurt-Frischkäse (s. S. 117) und Honig schmecken fabelhaft. **Gefüllte Aprikosen:** Für einen Sirup 150 ml Wasser, 175 ml Zucker und 1 EL Orangenblütenwasser (s. S. 4) 5 Min. kochen lassen. 10–12 entsteinte Aprikosen hineingeben und 5 Min. darin leise kochen, dann im Sirup erkalten lassen. Aprikosen herausnehmen, abtropfen lassen und mit Frischkäse füllen. Auch getrocknete Aprikosen lassen sich so zubereiten. 200 g davon 12 Std. einweichen, den Sirup aus dem Einweichwasser herstellen. Aprikosen darin ca. 10 Min. leise kochen lassen. **Gefüllte Datteln:** Saftige Datteln wählen, entsteinen und mit Walnusshälften und gehäuteten Mandeln füllen. Oder die Datteln halbieren und mit Frischkäse füllen.

### *Kleine Knabbereien – sie dürfen nie fehlen*

Besonders beliebt sind für den Abend geröstete Kichererbsen, Nüsse und Samen – pur oder gesalzen: Mandeln, Haselnüsse, Kürbiskerne, Sonnenblumenkerne und Pistazien. All dies gibt es fertig im Orientladen. Gerne gereicht werden auch kleine, nur mäßig gesüßte Kekse, Dattelbällchen (s. S. 119) oder Kokostäschchen (s. S. 121), die im arabischen Haushalt immer auf Vorrat zum Anbieten vorhanden sind.

## blitzschnell Orangen-Dattel-Salat mit Minze

Für 4 Personen:
***4 Orangen***
***1 Prise Vanillepulver (s. Tipp S. 115)***
***50 g Sonnenblumenkerne***
***8 weiche getrocknete Datteln***
***1 Prise Zimtpulver***
***1 TL Minzeblättchen***
***1 TL Orangenblütenwasser (s. S. 4)***
Außerdem:
***1 Zweig frische Minze***

Zubereitungszeit: ca. 20 Min.
Pro Portion: ca. 145 kcal

**1** Die Orangen heiß abwaschen, abtrocknen und so schälen, dass auch die bittere weiße Innenhaut entfernt wird. Die Früchte in Scheiben schneiden und auf einer Platte anrichten. Mit dem Vanillepulver würzen.

**2** Die Sonnenblumenkerne in einer trockenen Pfanne bei mittlerer Hitze goldbraun rösten. Die Datteln halbieren und entkernen. Mit dem Zimt zu den Sonnenblumenkernen geben und ca. 3 Min. erwärmen.

**3** Die Minze waschen und trockenschütteln, die Blättchen in Streifen schneiden. Zu den Datteln geben und einmal durchschwenken. Mit dem Orangenblütenwasser parfümieren und alles über die Orangenscheiben geben. Zum Servieren mit dem Minzezweig garnieren.

### Clever zubereiten

Orangen, die nicht aus **Bio-Anbau** stammen, sollten Sie auch dann heiß abwaschen, wenn die Schale nicht verzehrt wird. Spritzmittel und Konservierungsstoffe gelangen sonst leicht durch Hände und Messer ans Fruchtfleisch.

## rosenblütenfrisch **Obstsalat mit Melone**

Für 4 Personen:
***4 frische Feigen***
***2 Orangen / 1 Limette***
***1 Honigmelone (ca. 600 g)***
***je 150 g helle und blaue Trauben***
***1 Prise Vanillepulver (s. Tipp S. 115)***
***1 TL Rosenblütenwasser (s. S. 4)***
***40 g Mandelstifte***

Zubereitungszeit: ca. 30 Min.
Pro Portion: ca. 195 kcal

**1** Feigen waschen und in Scheiben schneiden. Die Orangen und die Limette heiß waschen, abtrocknen und jeweils so schälen, dass auch die weiße Innenhaut entfernt wird. Die Orangen- und Limettenfilets mit einem scharfen Messer zwischen den Trennhäutchen herausschneiden, dabei den Saft auffangen.

**2** Die Melone halbieren und die Kerne mit einem Löffel herauskratzen. Das Fruchtfleisch aus der Schale lösen und in ca. 1 1/2 cm große Stücke schneiden. Die Trauben waschen, halbieren und entkernen. Alle Früchte in eine Schale geben. Mit dem Vanillepulver würzen und dem Rosenblütenwasser beträufeln. Kalt stellen.

**3** Die Mandelstifte in einer Pfanne ohne Fett bei mittlerer Hitze goldbraun rösten und vor dem Servieren über den Obstsalat streuen.

### Stylingtipp
Servieren Sie Ihren Gästen den Obstsalat doch eisgekühlt in **ausgehöhlten Melonenhälften.** Halbieren Sie eine weitere Melone, entfernen die Kerne und stechen mit einem Kugelausstecher Kugeln aus. Unter das übrige Obst mischen und den Obstsalat in die Melonenschalen füllen.

## Klassiker **Süßer Couscous mit Früchtekompott**

*(im Bild vorne)*

Für 4 Personen:
Für den Couscous:
***100 g Korinthen | 80 g Pinienkerne***
***300 g Couscous | 1 Prise Salz***
***2 EL Sonnenblumenöl | 4 EL Honig***
***1/2 TL Vanillepulver (s. Tipp)***
***1 TL Zimtpulver | 1 TL gemahlener Koriander***
Für das Kompott:
***1 Quitte (ca. 350 g; ersatzweise Birnen)***
***100 ml Orangensaft | 1 Limette***
***1 Stück Sternanis | 2 Orangen***
***200 g blaue Trauben***
***1 EL Rosenblütenwasser (s. S. 4) | 2 EL Honig***

Zubereitungszeit: ca. 30 Min.
Einweichzeit: 1 Std.
Pro Portion: ca. 615 kcal

**1** Die Korinthen waschen und 20 Min. in Wasser einweichen. Die Quitte waschen, schälen, vierteln und vom Kerngehäuse befreien. In 1 1/2 cm große Würfel schneiden. Mit dem Orangensaft zugedeckt ca. 10 Min. leise kochen lassen.

**2** Die Pinienkerne in einer trockenen Pfanne bei mittlerer Hitze goldgelb rösten. 400 ml Wasser aufkochen lassen und den Couscous mit 1 Prise Salz einrühren. Vom Herd nehmen, 1 EL Öl untermischen und zugedeckt quellen lassen.

**3** Orangen heiß abwaschen, abtrocknen und so schälen, dass auch die weiße Innenhaut entfernt wird. Fruchtfleisch in ca. 1 1/2 cm große Würfel schneiden. Die Trauben waschen, halbieren und entkernen. Die Quitten aus dem Sud heben.

**4** Limette auspressen. Den Saft mit ca. 100 ml Wasser unter den Sud rühren und bei starker Hitze auf die Hälfte einkochen lassen. Kurz vor Schluss den Sternanis zugeben. Mit dem Rosenblütenwasser und dem Honig würzen. Orangen und Trauben hinzufügen und einmal aufkochen lassen. Die Quitten dazugeben.

**5** Die Korinthen abtropfen lassen. Couscous mit Korinthen, Pinienkernen, Honig, Vanillepulver, Zimt, Korianderpulver und dem restlichen Öl vermischen. Hügelartig auf einer tiefen Platte aufhäufen, das Kompott rundum anrichten.

## gelingt leicht **Mariniertes Backobst**

*(im Bild hinten)*

Für 4 Personen:
***je 100 g getrocknete Apfelscheiben und Aprikosen | 50 g Korinthen***
***je 100 g weiche getrocknete Datteln und Feigen***
***1 Limette | 2 EL Honig***
***1 EL Rosenblütenwasser (s. S. 4)***
***2 EL Orangensaft | 100 g Mandelstifte***

Zubereitungszeit: ca. 15 Min.
Einweichzeit: 12 Std.
Pro Portion: ca. 460 kcal

**1** Alle Trockenfrüchte in einem Topf mit Wasser bedecken und 12 Std. einweichen.

**2** Die Limette auspressen. Den Saft zu den eingeweichten Früchten in den Topf geben. Bei mittlerer Hitze aufkochen und bei schwacher Hitze zugedeckt ca. 4 Min. leise kochen lassen. Vom Herd ziehen und mit Honig, Rosenblütenwasser und Orangensaft würzen.

**3** Die Mandelstifte in einer Pfanne ohne Fett goldbraun rösten und zum Obst geben.

### Clever einkaufen

**Vanillepulver** ist sehr aromatisch und lässt sich gut dosieren. Sie bekommen es im Reformhaus; ersatzweise **Vanillezucker** verwenden.

1

2

3

## libanesisch **Glasierte Feigen mit Joghurtcreme**

*(im Bild vorne links)*

Für 4 Personen:
***150 g stichfester Joghurt (z. B. Bulgara)***
***3 EL Honig***
***8 Blättchen frische Minze***
***12 frische reife Feigen***
***2 EL Honig***
***1 EL Butter***
***1 Tropfen Rosenblütenwasser (s. S. 4)***

Zubereitungszeit: ca. 20 Min.
Abtropfzeit: 12 Std.
Pro Portion: ca. 170 kcal

**1** Ein sauberes (Mull-)Tuch in ein Sieb legen, den Joghurt hineingeben **(Step 1)**. Das Sieb in eine Schüssel hängen, so dass die Molke abfließen kann. Für 12 Std. in den Kühlschrank stellen.

**2** Den entstandenen Joghurt-Frischkäse in eine Schüssel geben und glatt rühren. Die Minze waschen und abtrocknen, 4 Blättchen fein schneiden, die anderen für die Dekoration beiseite legen. Mit 1 EL Honig untermischen.

**3** Die Feigen waschen, schälen und vierteln **(Step 2)**. Die Butter in einer Pfanne zerlassen. Den restlichen Honig unterrühren und karamellisieren lassen, bis er anfängt zu duften und goldbraun wird. Die Pfanne vom Herd ziehen, Feigen ca. 2 Min. darin vorsichtig wenden **(Step 3)**. Mit dem Rosenblütenwasser aromatisieren.

**4** Die Feigen auf Portionsteller verteilen, mit den restlichen Minzeblättchen garnieren und mit der Joghurt-Frischkäsecreme servieren.

### Tauschbörse

Wenn Sie den Joghurt-Frischkäse nicht selber machen wollen, rühren Sie jeweils 40 g **Ricotta** und **Frischkäse** mit 2 EL **Milch** glatt.

## eiskalt genießen **Aprikosensorbet**

*(im Bild rechts)*

Für 4 Personen:
***500 g reife weiche Aprikosen (ca. 350 g entsteint)***
***100 g Zucker | Saft von 1 Zitrone***
Außerdem:
***2 weiche Aprikosen | 50 g Himbeeren***

Zubereitungszeit: ca. 30 Min.
Zeit zum Gefrieren: 3–4 Std.
Pro Portion: ca. 155 kcal

**1** Aprikosen waschen, kochend heiß überbrühen und 5 Min. ziehen lassen. Dann kurz in kaltes Wasser tauchen und die Haut abziehen. Früchte halbieren, entsteinen und im Mixer pürieren.

**2** Den Zucker in einem Topf mit 1/8 l Wasser verrühren, aufkochen und kochen lassen, bis sich der Zucker aufgelöst hat. Vom Herd ziehen, mit dem Zitronensaft verrühren und abkühlen lassen.

**3** Das Fruchtpüree mit dem Zuckersirup verrühren, in eine flache Form füllen und mit Frischhaltefolie bedeckt ins Tiefkühlfach stellen. Die gefrorene Schicht am Rand alle 30 Min. mit dem Teigschaber ablösen und unterrühren. Dies so lange wiederholen, bis die Masse nach 3–4 Std. gefroren ist. (Mit einer Eismaschine geht es ruckzuck, damit ist das Sorbet in 15–30 Min. fertig.)

**4** Das Sorbet ca. 1 Std. vor dem Servieren im Kühlschrank antauen lassen. Die übrigen Aprikosen waschen, entsteinen und in dünne Spalten schneiden. Die Himbeeren verlesen und eventuell vorsichtig waschen. Das Sorbet auf vier Eisbecher verteilen und mit Aprikosenspalten und Himbeeren dekorieren.

### Blitzvariante

Sie können Fruchtmark, Zucker und Zitronensaft auch direkt im **Mixer** pürieren. So lange durchmixen, bis sich der Zucker völlig aufgelöst hat.

## ganz einfach **Dattelbällchen**

*(im Bild hinten)*

Für 20 Bällchen:
***200 g weiche getrocknete Datteln***
***1 TL gehackte Mandeln***
***1/2 TL Vanillepulver (s. Tipp S. 115)***
***1 Prise gemahlener Kardamom***
***2 1/2 EL Sonnenblumenöl***
***50 g Puderzucker | 25 g weiche Butter***
***Salz | 150 g Weizenmehl (Type 550)***
***50 g Reismehl (aus dem Asienladen)***
***50 ml Milch | 1 EL Orangenblütenwasser (s. S. 4)***
Außerdem:
***Mehl für Arbeitsfläche***
***Öl für das Blech***

Zubereitungszeit: ca. 20 Min.
Ruhezeit: ca. 15 Min. | Backzeit: ca. 20 Min.
Pro Stück: ca. 100 kcal

**1** Die Datteln halbieren, entsteinen und sehr klein schneiden. Mit den Mandeln, der Vanille und dem Kardamom vermischen.

**2** Öl und Puderzucker verrühren. Butter, 1 Prise Salz, Weizenmehl und Reismehl hinzugeben. Mit Milch und Orangenblütenwasser zu einem glatten Teig verkneten. Zugedeckt ca. 15 Min. im Kühlschrank ruhen lassen.

**3** Ofen auf 180° (Umluft 160°) vorheizen. Den Teig auf der bemehlten Arbeitsfläche zu einer Rolle von 3 cm Ø formen und in 20 Stücke teilen. Jeweils in der Mitte eine Mulde eindrücken und mit etwas Dattelmasse füllen. Verschließen und zu Bällchen formen. Auf einem gefetteten Blech im heißen Ofen ca. 20 Min. backen.

### Luxusvariante

Mit **Aprikosenkompott** servieren: 1 EL Honig karamellisieren. 400 g Aprikosenspalten darin 2 Min. wenden. 100 ml Orangen- und 1 EL Zitronensaft dazugeben, einmal aufkochen, abkühlen lassen.

## westarabisch **Pinienröllchen**

*(im Bild vorne)*

Für 20 Röllchen:
Für die Füllung:
***8 EL Butter | 200 g Pinienkerne***
***1/4 TL Vanillepulver (s. Tipp S. 115)***
***1/4 TL abgeriebene unbehandelte Orangenschale | 2 EL Zucker***
Für die Glasur:
***125 g Puderzucker | 1 EL Orangenblütenwasser (s. S. 4) | 50 g gehackte Pistazien***
Außerdem:
***2 Filo-Teigblätter (160–200 g, aus dem türkischen Lebensmittelladen)***
***Backpapier für das Blech***

Zubereitungszeit: ca. 1 Std.
Backzeit: ca. 30 Min.
Pro Stück: ca. 170 kcal

**1** Die Butter schmelzen und beiseite stellen. Ein Backblech mit Backpapier belegen. Die Pinienkerne mit der Vanille und 2 EL flüssiger Butter im Mixer fein mahlen. Orangenschale und Zucker untermischen. Den Backofen auf 180° vorheizen.

**2** Die Teigblätter auf der Arbeitsfläche auslegen und mit 2 EL flüssiger Butter bestreichen. Jedes Teigblatt halbieren und in jeweils zehn ca. 10 cm lange Streifen schneiden. So entstehen 20 Teigstreifen. Auf jeden Teigstreifen an der Schmalseite unten etwas Füllung geben. Die Ecken übereinander klappen und die Streifen aufrollen.

**3** Röllchen mit der Nahtseite nach unten auf das Blech setzen und mit restlicher Butter bestreichen. Mit etwas Wasser besprenkeln, im heißen Ofen (Mitte, Umluft 160°) ca. 30 Min. backen.

**4** Für die Glasur den Puderzucker und das Orangenblütenwasser mit 75 ml Wasser verrühren. Die Röllchen nach dem Abkühlen damit bestreichen und mit den Pistazien bestreuen.

1

2

3

## ägyptisch Basbousa (Mandelgebäck)

*(im Bild hinten)*

Für 1 Tebsil oder 1 Quicheform von 28–30 cm Ø:
***200 g Butter | 150 g Zucker***
***2 EL gemahlene Mandeln***
***1/2 TL Vanillepulver (s. Tipp S. 115) | 2 Eier***
***1 TL Backpulver | 500 g feiner Weichweizengrieß***
***1 TL abgeriebene unbehandelte Zitronenschale***
***150 g stichfester Joghurt (z. B. Bulgara)***
***18 gehäutete Mandeln | Butter für die Form***

Zubereitungszeit: ca. 30 Min.
Backzeit: ca. 30 Min.
Bei 36 Stücken pro Stück: ca. 125 kcal

**1** Den Backofen auf 200° (Umluft 180°) vorheizen. Butter und Zucker mit dem Handrührgerät schaumig rühren. Gemahlene Mandeln und Vanille untermischen. Nach und nach die Eier einrühren. Backpulver und Grieß vermischen und unterheben. Zitronenschale und Joghurt unterrühren. Den Teig ca. 15 Min. ruhen lassen. Inzwischen die Mandeln halbieren.

**2** Den Teig in eine gefettete Form füllen und glatt streichen. Ein Rautenmuster einschneiden und auf jede Raute eine Mandelhälfte setzen. Im heißen Ofen (Mitte) ca. 30 Min. backen. Warm oder kalt mit einem gekühlten Obstteller servieren.

### Variante mit Sirup

In einem Topf 200 ml Wasser mit 300 g Zucker und 50 g Honig aufkochen lassen. Den Saft von 1 Zitrone unterrühren und den **Sirup** bei schwacher Hitze ca. 10 Min. leise kochen lassen, bis er dickflüssig vom Löffel fließt. Abkühlen lassen. Den warmen Sirup über die warmen Plätzchen gießen.

### Clever aufbewahren

Das feine Mandelgebäck hält sich zugedeckt **wochenlang** im Kühlschrank frisch.

## aus dem Irak Kokostäschchen

*(im Bild vorne)*

Für 36 Täschchen:
Für den Teig:
***100 g Butter | 250 g Mehl (Type 550) | 1 Ei***
***Salz | 1/2 TL Vanillepulver (s. Tipp S. 115)***
***1/2 TL Zimtpulver***
Für die Füllung:
***150 g Kokosraspel | 50 g Puderzucker***
***2 EL Rosenblütenwasser (s. S. 4)***
***1 unbehandelte Zitrone***
Außerdem:
***Mehl für die Arbeitsfläche | Backpapier für das Blech | 1 Eigelb | Puderzucker zum Bestreuen***

Zubereitungszeit: ca. 30 Min.
Ruhezeit: ca. 15 Min. | Backzeit: ca. 30 Min.
Pro Stück: ca. 80 kcal

**1** In einer Schüssel Butter, Mehl, Ei, 1 Prise Salz, Vanille und Zimt mit 4 EL Wasser zu einem Teig verkneten. Ca. 15 Min. ruhen lassen.



**2** Für die Füllung Kokosraspel, Puderzucker und Rosenblütenwasser vermischen. Die Zitrone heiß waschen und abtrocknen. Die Hälfte der Schale abreiben, den Saft auspressen. Schale und Saft zur Füllung geben.

**3** Ofen auf 180° (Umluft 160°) vorheizen. Den Teig zu einer Rolle von 3–4 cm Ø formen und in 36 Scheiben schneiden **(Step 1)**. Jede Scheibe auf der bemehlten Arbeitsfläche handtellergroß ausrollen und in die Mitte jeweils 1 TL Füllung geben **(Step 2)**. Ein Teighälfte über die Füllung klappen und den Rand der Täschchen mit einer bemehlten Gabel zusammendrücken **(Step 3)**.

**4** Die Kokostäschchen auf ein mit Backpapier belegtes Backblech setzen. Das Eigelb mit 2 EL Wasser verrühren und die Täschchen damit bestreichen. Im heißen Ofen (Mitte) in ca. 30 Min. goldgelb backen. Mit Puderzucker bestäuben.

## ägyptisch **Dattelkuchen**

*(im Bild hinten)*

Für 1 Tebsil oder 1 Springform von 28–30 cm Ø:
***200 g weiche getrocknete Datteln***
***80 g Pinienkerne | 1 TL Zimtpulver***
***2 EL Zitronensaft***
***1/4 TL abgeriebene unbehandelte Zitronenschale***
***1 TL Backpulver | 200 g Mehl (Type 550)***
***50 g Weichweizengrieß***
***3 EL Honig | 1/2 TL Vanillepulver (s. Tipp S. 115)***
***1/2 TL gemahlene Muskatblüte (Macis)***
***100 g Butter | Salz***
Außerdem:
***Mehl für die Arbeitsfläche***
***Backpapier und Butter für die Form | 1 Eigelb***

Zubereitungszeit: ca. 1 Std.
Backzeit: ca. 20 Min.
Bei 32 Stücken pro Stück: ca. 95 kcal

**1** Die Datteln entsteinen und in kleine Würfel schneiden. Mit feuchten Händen verkneten. Die Pinienkerne fein hacken, dazugeben und mit einer Gabel untermengen. Mit 1/2 TL Zimt, Zitronensaft und -schale würzen.

**2** Das Backpulver und das Mehl in einer Schüssel mischen. Mit restlichem Zimt, Grieß, Honig, Vanille, Muskatblüte, Butter und 1 Prise Salz zu einem glatten Teig verkneten.

**3** Ofen auf 180° (Umluft 160°) vorheizen. Ein Tebsil oder eine Springform mit Backpapier auslegen und dieses mit Butter bestreichen. Den Teig zu zwei Kugeln formen. Eine Teigkugel auf der bemehlten Arbeitsfläche 2 cm größer als die Form ausrollen. In die Form legen, die Dattelmasse darauf geben und glatt streichen. Die zweite Teigkugel in Formgröße ausrollen, über die Füllung legen und andrücken. Mit dem Eigelb bestreichen und im heißen Ofen (Mitte) ca. 20 Min. backen. Abkühlen lassen, dann in 4 x 5 cm große Rauten schneiden. Kühl lagern.

## Klassiker für Feste **Baklava mit Blütenwasser**

*(im Bild vorne)*

Für 1 rechteckige Form von ca. 30 x 40 cm:
***je 200 g Zucker und Honig***
***2 EL Rosenblütenwasser (s. S. 4)***
***1 TL Orangenblütenwasser (s. S. 4)***
***150 g Butter | 1/2 TL Vanillepulver (s. Tipp S. 115)***
***1/2 TL Zimtpulver | Salz***
***400 g Walnusskerne | 50 g Pistazienkerne***
Außerdem:
***3 Blätter Yufka-Teig (aus dem türkischen Lebensmittelladen) | Butter für die Form***

Zubereitungszeit: ca. 40 Min.
Backzeit: ca. 15 Min.
Bei 40 Stücken pro Stück: ca. 100 kcal

**1** Vom Zucker 4 EL beiseite stellen. Den Rest mit dem Honig und 200 ml Wasser in einem Topf unter Rühren ca. 5 Min. leise kochen lassen. Den Sirup vom Herd nehmen, mit Rosen- und Orangenblütenwasser würzen und abkühlen lassen.

**2** Backofen auf 200° vorheizen. Butter in einem Topf schmelzen lassen, Vanille, Zimt und 1 Prise Salz unterrühren. Walnüsse und Pistazien klein hacken, mit den 4 EL Zucker vermischen.

**3** Teigblätter ausbreiten, jeweils in 30 x 40 cm große Rechtecke schneiden. 2 davon mit Butter bestreichen und aufeinander in die Form schichten. Mit einem Drittel der Nussmischung belegen. Drittes Teigblatt mit Butter bestreichen, obenauf legen und mit einem Drittel der Füllung belegen. So fortfahren, bis alles verbraucht ist. Den Kuchen mit dem gebutterten obersten Teigblatt abdecken, die Ränder zurechtschneiden. Den Kuchen durch tiefe Einschnitte in Rechtecke teilen. Restliche Butter in die Schnitte träufeln. In den heißen Ofen (Mitte) schieben, Hitze sofort auf 180° reduzieren und in 10–15 Min. goldgelb backen. Sirup auf den heißen Kuchen gießen.

# GU EINFACH CLEVER

*Aktuelle Themen zu super Preisen*

ISBN (10) 3-7742-6898-3
ISBN (13) 978-3-7742-6898-2

ISBN (10) 3-7742-5464-8
ISBN (13) 978-3-7742-5464-0

ISBN (10) 3-7742-6163-6
ISBN (13) 978-3-7742-6163-1

ISBN (10) 3-7742-6897-5
ISBN (13) 978-3-7742-6897-5

ISBN (10) 3-7742-6991-2
ISBN (13) 978-3-7742-6991-0

ISBN (10) 3-7742-6621-2
ISBN (13) 978-3-7742-6621-6

*128 Seiten, 9,90 € [D]*

*Warum die Hardcoverreihe ist, wie sie heißt:*

- *rund 100 Rezepte zum Minipreis*
- *Zutaten-Tauschbörsen und Blitz- und Luxusvarianten für flexibles Kochen*
- *viele bebilderte Info-Baukästen mit allem Wissenswerten rund ums Thema*

GU

Willkommen im Leben.

# Impressum


## Die Autoren

**Elisabeth Döpp** schreibt seit 20 Jahren erfolgreiche Kochbücher mit dem Schwerpunkt leichte, gesunde Küche. Sie ist außerdem UGB-Gesundheits-Trainerin im Bereich Ernährung und gibt Kochunterricht. Für dieses Buch ließ sie sich von der Irakerin Kumri Ali beraten, die selbst Kochkurse hält.
**Christian Willrich,** gebürtiger Elsässer, ist Küchendirektor und präsentiert seit 1980 seine feine Naturküche mit großem Erfolg.
**Jörn Rebbe** ist als Küchenchef Spezialist für japanische und chinesische Küche. Beide sind für ein führendes Düsseldorfer Catering-Unternehmen tätig.

## Die Fotografen

**Das Studio L'EVEQUE Tanja & Harry Bischof** (Styling & Fotografie) arbeitet seit Jahren intensiv für Werbung, Bücher und Zeitschriften im Foodbereich. In der Innenstadt Münchens kreiert das 4-köpfige Team Foodaufnahmen mit erfrischendem Licht und appetitanregendem, trendigem Styling. Die Step- und Freisteller-Aufnahmen für dieses Buch machte **Kristina Babics** (Fotoassistenz), die Foodstyling-Assistenz **Hannelore Bellini.**
Die Fotografen danken der Firma **Radspieler** in München und Frau Staudinger von **Aït Manos** in München für die Bereitstellung der orientalischen Requisiten.





**Programmleitung:** Doris Birk

**Leitende Redakteurin:** Birgit Rademacker

**Redaktion:** Alessandra Redies

**Lektorat:** Margit Proebst

**Korrektorat:** Stefanie Doll

**Layout »Einfach clever«, Typographie und Umschlaggestaltung:** Thomas Jankovic, GF von engels verlagsbüro in München, Gestalter erfolgreicher Buchserien mit besonderem Gusto auf alles, was Genießern Spaß macht – wie dieses orientalische Kochbuch.

**Satz:** Knipping Werbung GmbH, Berg/Starnberg

**Herstellung:** Petra Roth

**Reproduktion:** Penta Repro, München

**Druck und Bindung:** Printer, Trento

**ISBN (10)** 3-8338-0080-1
**ISBN (13)** 978-3-8338-0080-1

| **Auflage** | 5. | 4. | 3. | 2. | 1. |
|---|---|---|---|---|---|
| **Jahr** | 2010 | 09 | 08 | 07 | 06 |

GRÄFE UND UNZER

*Ein Unternehmen der*
GANSKE VERLAGSGRUPPE


## Das Original mit Garantie

**Ihre Meinung ist uns wichtig.** Deshalb möchten wir Ihre Kritik, gerne aber auch Ihr Lob erfahren, um als führender Ratgeberverlag für Sie noch besser zu werden.
Darum: Schreiben Sie uns!
Wir freuen uns auf Ihre Post und wünschen Ihnen viel Spaß mit Ihrem GU-Ratgeber.

**Unsere Garantie:** Sollte ein GU-Ratgeber einmal einen Fehler enthalten, schicken Sie uns bitte das Buch mit einem kleinen Hinweis und der Quittung innerhalb von sechs Monaten nach dem Kauf zurück. Wir tauschen Ihnen den GU-Ratgeber gegen einen anderen zum gleichen oder einem ähnlichen Thema um.


**Ihr GRÄFE UND UNZER VERLAG**
**Redaktion Kochen & Verwöhnen**
**Postfach 86 03 25**
**81630 München**
**Fax: 089/41981-113**
**e-mail: leserservice@graefe-und-unzer.de**


## Bezugsadressen:

Für Gewürze und Zutaten:
**Gewürzhaus A. Ewert,** Weender Str. 84, 37073 Göttingen,
Tel. 0551/5 70 20, Fax 5 60 91
**www.violas.de**
**www.dinsesculinarium.de**

Eine Tajine bekommen Sie bei:
**Waschbär,** 79093 Freiburg,
Tel. 0180/5 39 56 56;
**www.waschbaer.de**
**www.tajine.de**